Manfred Brümmer

De Mallbüdel

De besten Witze ut

„De Plappermoehl“

TENNEMANN
media

Gartenweg 30 c, 19057 Schwerin
Tel. 0385-77501
http://www.tennemann-media.de
http://www.tennemann.com
Lizenziert durch Studio Hamburg Distribution & Marketing GmbH

1. Auflage 2013

Herstellung: TENNEMANN media GmbH, Schwerin
Illustrationen: Günter Endlich, Güstrow
Satz und Layout: Andrej Subarew Zavod 3, Wismar
Druck und Bindung: produktionsbüro TINUS, Schwerin
Printed in Germany
ISBN 978-3-941452-27-5

Vorwort

Gehen Sie zum Lachen in den Keller? Oder lieber in die Mühle? Für die Menschen im Norden eigentlich keine Frage. Warum sich verkriechen zwischen Kartoffeln und Kohlen? Von der Galerie der Plappermoehl läßt sich der Blick auf Land und Leute genießen und dazu gibt´s Witze aus dem Mallbüdel. Die sind immer ein Höhepunkt in der Plappermoehl von NDR 1 Radio MV. In dieser Mühle wird gern erzählt und viel gelacht. Mit Humor und guter Laune moderieren Susanne Bliemel, Manfred Brümmer und Tom Roloff den beliebten Klönsnack am Moehlendisch.

In vier Mallbüdel-Büchern hat Plappermöller Manfred Brümmer bislang mehr als 1000 Witze vorgestellt. Rund 200 kommen jetzt im neuesten und fünften Band hinzu, darunter viele Klassiker aus der Plappermoehl: Witze, mit denen Klaus-Jürgen Schlettwein und Hannes Ossenkopp als Plappermöller der ersten Stunde das Publikum zum Lachen gebracht haben. Oder Witze, die Gäste der Sendung erzählt haben: der Entertainer Horst Köbbert, der Schauspieler Eberhard Bremer oder Ministerpräsident a.D. Harald Ringstorff.

Das fünfte Mallbüdel-Buch versammelt die besten Witze aus drei Jahrzehnten Plappermoehl und ist ein Geschenk zum 30. Geburtstag der plattdeutschen Unterhaltungsshow. Sie sind herzlich eingeladen, feiern und lachen Sie mit. Unser Motto ist noch immer: „Ut´n verklamten Nors kümmt kein fröhlichen Furz".

Rainer Schobeß
Plattdeutsch-Redakteur NDR 1 Radio MV

Krüz un quer

Schauspäler Schulze-Klütenbrink ut Berlin hett ne Gast-Rull an ein lütt Theater krägen un fäuhlt sick dor nu ganz as Stargast. As he dat Textbauk läst hett, seggt he tau denn' Regisseur: „Also, wenn ick de Rull in dit Stück würklich so realistisch spälen sall, as se dat willen, denn möt ick verlangen, dat ick in denn' tweiten Akt ok echten Champagner krieg." De Regisseur nickt. „Natürlich, dor hebben se Recht. Ick ward dorför sorgen. Un in denn' letzten Akt warden se denn natürlich ok echtes Gift kriegen."

*

Lotte un Susi tratschen mal wedder so'n bäten oewer de Bekanntschaft. As se bi Familie Schult anlangt sünd, seggt Lotte: „Minsch, Susi, du weitst ja oewer de Schultens bannig gaud Bescheid. Dat is bi juch woll ne ganz dicke Fründschaft mit de?" Susi schüttelt denn' Kopp. „Nee, oewerhaupt nich. Äwer as de in Urlaub wieren, hebben wi ehren Papagei bi uns in Plääg hatt."

*

Gabi hett ne niege Nahwersch krägen, un gliek as se ehr dat ierst Mal dröppt, seggt de: „ Fru Wegner, ick hew hürt, se sünd bi't Theater?" Gabi nickt. „Ja." – „Koenen se mi dor nich mal 'n poor Friekorten mitbringen?" – „Ja, natürlich", seggt Gabi, „giern. Un se sünd doch bi de Sporkass, ne?" – „Ja", seggt de Nahwersch, „dat stimmt." – „Fein", seggt Gabi, „koenen se mi dor nich mal 'n poor Hunnert-Euro-Schiens mitbringen?"

*

Dat hett poor Wäken düchtig froren, un de letzten Daag hett dat ok sniegt. As Max mit sien Fohrrad dörch de Natur führt, süht he mit mal, dat Paul mit sienen Pierdwagen up'n See taugangen is un dor Mess streut. „Wat sall denn dat?" bölkt Max, „dat föllt doch in' Frühjohr, wenn dat däut, allens in't Wader!" „Holl dien Muul un haug aw!" schriegt Paul trügg, „gliek kümmt hier ein ut Bayern un köfft mi dat as Acker aw!"

*

Thomas dröppt Manfred up de Straat. "Manfred, wat hest du denn gistern abend makt? Du wierst ja gor nich in' Kraug!" Manfred schüttelt denn' Kopp. „Man kann doch nich ümmer blot in' Kraug sitten! Ick bün gistern abend tau Hus wäst un hew mit mien Fru tausamen Beethoven spält." – „Oh", seggt Thomas, „un wecker hett gewunnen?"

*

„Na, Küster", fröggt de Paster, „ is allens vörbereit' för denn' Gottesdeinst?" – „Allens klor, Herr Paster. Oewer wat willen se denn ditmal prädigen?" – „Na ja", seggt de Paster, „ick hew mi dacht, ick ward mal oewer de Sporsamkeit prädigen." – „ Oh! Gaud, dat se mi dat seggen, Herr Paster. Denn maken wi hüt de Kollekte v ö r de Prädigt!"

*

As Klaus mal wedder mit Bernd tausamensitt, fröggt he: „Segg mal, hett dien Fru nich früher mal Geig spält?" – „Ja", seggt Bernd, „dat stimmt. Äwer nu, wo wi de Kinner hebben, hett se dormit uphürt." Klaus grient. „Jaaaa ... Kinner sünd 'n Sägen."

*

Ein Fautballspäler liggt up denn' Rasen, stoehnt tau'n Gotterbarmen un höllt sick dat Bein. De Schiedsrichter geiht tau em hen un fröggt: „Na, wat is? Sallen wi denn' Dokter halen odder denn' Theaterkritiker?"

*

Ein Fautballspäler von Hansa humpelt von' Platz. De Trainer geiht tau em un fröggt: „Wat is mit di? Büst du verletzt?" – „ Nee", seggt de Späler, "mi is blot dat Bein inslapen."

*

„Du, Jürgen", seggt Rita, „segg doch mal, woans heit de Schiet von de Kauh?" Jürgen kiekt ehr verbiestert an. „Fladen." – „Aha. Un de von't Pierd?" – „Appels." – „Un de von't Kaninken?" –„Koetel." – „Gaud! Un woans heit de höchste Vulkan von Peru?" – „Hä?", seggt Jürgen, „dat weit ick nich." Rita grient.„As ick mi dat dacht hew! Mit di kann man sick blot oewer Schiet ünnerhollen!"

*

Egon un Helmut sitten in ehr Büro. Mit mal seggt Egon: „He, Helmut, slaap nich in bi de Arbeit! Kiek mal ut' Finster! De scharpe Yvonne in dat Hus gägenoewer is grad bi't Uttrecken!" Helmut fohrt furts von sienen Stauhl hoch. „Oh! Dor möt ick doch gliek mal mien Fernglas ut'n Schriewdisch halen!" Egon grient. „Wotau denn dat? 'n Möbelwagen wardst du doch woll ok ahn Fernglas seihn koenen!"

*

„Na, woans is dat denn so mit dienen niegen Fründ, Anna?", fröggt Beate. „Na ja", seggt Anna, „süss löppt ja allens ganz gaud, blot wenn ick tau ein Verawrädung mit em kam, denn is he ümmer unrasiert." Beate grient.
„Denn süsst du villicht doch mal 'n b ä t e n pünklicher kamen ...?"

*

Fru Schultz snackt in't Theater ümmertau mit ehr Nahwersch. Dor seggt ein Fru in de Reig achter ehr: „Koenen Se nich mal denn' Mund hollen? Ick verstah ja kein Wurt!" - „Na un?", seggt Fru Schultz, „mit Se snack ick ja ok gor nich!"

*

„Du, ick möt dissen Winter bannig uppassen, wenn dat glatt is", seggt Paul, „ vörrig Johr bün ick nämlich utrutscht un ganz bös henfollen. Drei Wochen hew ick liggen müsst." Erwin wunnert sick. „Wat? So lang'n hett dat duurt, bet se di funnen hebben?"

*

Fiete hett ümmer ne siehr hoge Meinung von sick sülben. „Du", seggt he tau Jakob, „ ick wier as Kind all ganz tiedig entwickelt un all bannig klauk. Ick künn tau'n Bispill mit teihn Monat all lopen!" Jakob winkt blot aw. „Un dat nennst du klauk? Ick hew mi mit drei Johr noch drägen laten!"

*

In de Bahn ünnerhöllt sick'n Ehepoor up Platt. Dor stiggt ein Kierl tau ehr in un fröggt: „Sagen Sie, ist das Plattdeutsch, das Sie da sprechen?" De beiden nicken. „Ja." De anner ward nu niegelich. „Ach, interessant! Und – unterhalten Sie sich immer auf Platt?" De beiden schütteln denn' Kopp. „Nee." Nu will de anner dat genau weiten. "Ach, sieh mal an! Wann sprechen Sie denn immer Plattdeutsch miteinander?" De beiden kieken sick an un grienen. „Eigentlich ümmer blot, wenn wi uns wat seggen willen."

*

„Hürt mal tau: Ji weit' doch, dat Max bannig giezig is", seggt Norbert an' Stammdisch. Sien Kumpels nicken.„ Un grad de hett sick nu 'n düren Kachelaben bugen laten." De annern wunnern sick. „Doch, doch", seggt Norbert, „äwer he hett seggt, dat tahlt sick liekers wedder ut. Un weit' ji, woans? He seggt, he kann sick dor abends mit'n Buuk gägen stellen un dat Meddaggäten wedder upwarmen."

*

„Stellen Se sick blot mal vör, Fru Schmidt, mien lütt Soehn, de is ierst söss Monat olt, un de sitt all!"
„Oh Gott, oh Gott! De hüdig Jugend ward würklich ümmer iehrer kriminell!"

*

„Minsch Tom! Hest du denn' Ober äben bi't Rutgahn noch teihn Euro in de Hand drückt? Dat wier doch nich nödig wäst." – „Doch! Kiek mal in wat för'n düüren Mantel he mi rinhulpen hett!"

*

Wiehnachten steiht vör de Dör, un Tina fröggt ehr Fründin: „Du, Susanne, wenn du tau Wiehnachten 100 Euro spenden wullst, weckern würdest du de woll gäben: Einen gauden Politiker odder einen iehrlichen Banker odder denn' Wiehnachtsmann?" – Susanne weit Bescheid: „Denn' Wiehnachtsmann natürlich. De annern beiden giwt dat doch gor nich."

*

As Maria un Josef ünnerwägens sünd nah Bethlehem, dor stolpert Josef un stött sick bannig de Tehn. „Jesus!“, schimpt he. „Du“, seggt dor mit mal Maria, „findst du nich ok, dat Jesus villich'n bäderen Namen is as Karl-Heinz?“

*

Uschi seggt tau ehren Mann: „Du, Schatz, ick bruk unbedingt 'n poor niege Kleeder. De Lüüd in de Nahwerschaft seihn mi ümmer wedder mit mien ollen Saken rümlopen.“ Ehr Mann süfzt. „Weitst du wat? Denn trecken wi leiwer üm, dat ward billiger.“

*

„Du, ick glöw, Paul geiht dat bannig dreckig“, seggt Willi, „de Kierl hett nienich Geld in de Tasch.“ - „So?“, fröggt Rudi, „denn hett he di woll all öfter eins anpumpt?“ – „Nee, ick em.“

*

„He, worüm löppst du in de Koek?", röppt Claudia ehren Kierl hinnerher, „ick dacht, du wusst denn' Keller uprümen?" – „Dat will ick ja ok", röppt Hannes trügg, „ ick harr blot denn' Proppentrecker vergäten!"

*

Dieter kümmt in de Koek un is bannig in Brass: „Verdamminochmaltau! Wecker hett denn in uns Wahnung Stoff wischt!?" Sein Frau kiekt em ganz verbaast an. „Dat wier ick. Du meckerst doch ümmertau rüm un seggst, ick wier nich ordentlich naug!" – „Ach so?", bölkt Dieter, „un worüm fangst du grad nu dormit an? Ick harr mi grad ne wichtig Nummer näben dat Telefon schräben!"

*

„Kinner", seggt de Dubenmudder tau ehr Jungen, „nu ward dat Tied, dat ji uphürt, ümmer noch in't Nest tau schieten! Nu möt ji endlich liehren, up't Denkmal tau gahn!"

*

Von em un ehr

Jochen is mit' Auto ünnerwägens, un as he twei Stunnen führt is, kriggt he Kaffeedöst un höllt bi einen Kraug an. Dor binnen is dat ganz lerrig, ok achter denn' Tresen steiht kein. He sett' sick hen, haust' so'n bäten, un as he ne Tiedlang luurt hett, röppt he poormal „Hallo!". Äwer nix röögt sick. Jichtenswann ward em dat tauväl, he geiht nah vörn, ballert up denn' Tresen un bölkt „Bedienung!" Dor kümmt ne smucke junge Kräugersch von achtern antaustörten, striekt sick fix noch de Hoor ut' Gesicht un seggt, so'n bäten ut de Puust: „ Entschülligung, mien Herr, ick hew Se gor nich hürt! Äwer dat ligg blot doran, dat ick in anner Ümstänn` bün!" Nu is Jochen gor nich miehr bös un seggt: „So? Na, dor kann' ja gratuliern. Wo lang'n denn all?" – „Nu ja", seggt se, „ so äben siet fief Minuten. ..."

*

Hannes is 'n echten Tranklüten. As Norbert em an' Stammdisch mal wedder so vör sick hendoesen süht, fröggt he em: „Du, wat findst du eigentlich schöner - Sex odder Wiehnachten?" Hannes pliert mit ein Oog tau em roewer. „Wiehnachten." – „Ach?", seggt Norbert, „un worüm?" – „Wiehnachten is öfter."

„Kollegin Schmidt“ seggt Hanne, „ wat ick Se lang'n all mal fragen wull ... sünd Se eigentlich verheurad't?“ Doris schüttelt denn' Kopp. „Nee, äwer ick bün siet söss Johr verlawt.“ De anner staunt. „Söss Johr? Dat is äwer bannig lang'n!“ – „Woso?“, fröggt Doris, „dat wier doch nich ümmer mit denn' Sülwigen!“

*

Bi Beate klingelt dat. „Gauden Dagg, Frau Körner, ick mak ne Ümfraag oewer dat Eheläben von berühmte Sportler. Se sünd doch mit denn' Box-Europameister verheuradt. Woans is dat denn mit so'n Athleten?“ Beate snuuwt. „Athleten? In't Bett is he nah de föffte Rund'n all K.o.!“

*

Twei olle Fründinnen ünnerhollen sick. „Du“, seggt de ein, „hest de eigentlich ümmer noch Sex mit dienen Mann?“ – „Ja“, seggt de anner, „grad gistern ierst. Ne ganz Fernsehsendung lang.“ De anner staunt: „So lang'n? Dor büst du ja tau beneiden.“ Ehr Fründin süfzt: „Na ja, dat wier bi'n Wäderbericht.“

Paul kann dat ok in't Öller nich laten, ümmer wedder junge Frugens antaubaggern. Ok as sick Tina näben em an de Bar sett', fangt he furts an. "Kann dat sien, dat wi uns all mal seihn hebben?" Tina kiekt em von de Siet an. „Nee, nich dat ick wüsst." Paul lött nich nah. „Na, ick glöw äwer doch. Hebben wi uns nich villicht letzten Sünndagg in' Zoo seihn?" – „Ach so", seggt Tina, „ ja, dat is moeglich. In weckern Käfig hebben Se denn säten?"

*

Jürgen sitt in de Bahn, un ok ein Paster sitt bi em in't Awdeil. Nah ein Tied stiggt ne junge Frau in mit'n ganz korten Minirock an un sett' sick jüst Jürgen gägenoewer. De kann einfach nich anners un möt ümmertau dor henkieken. As de Diern mal rutgeiht, seggt de Paster: „Oh, mein Sohn, mein Sohn! Dort, wo du immer hingesehen hast, da verbirgt sich die Hölle!" Jürgen nickt. „Ja, Herr Paster, ick weit! Dorüm is bi mi an de glieke Stell ok de Düwel los!"

*

„Du, Max", fröggt Gerd, „ick hew hürt, dien Frau will di verlaten? Worüm denn?" Jürgen süfzt. „Dat keem so: As ick körtens von de Arbeit nah Hus keem, dor wull ick gliek ganz heiten Sex hebben." „Äwer dat is doch kein Grund!" – „Doch. Ick wull denn' Sex ja mit mien Nahwersch."

*

„Hallo Schatz", röppt Irene, „dor bün ick wedder!" Rainer kiekt ehr an un seggt: „Du weitst, dat ick eigentlich nich iewersüksch bün, odder ...?" Irene stutzt. „Ja, dat stimmt. Äwer worüm seggst du dat?" – „Nu ja", druckst Rainer, „as du vörhen nah'n Friseur gahn büst, harrst du de Loopmasch in denn' rechten Strump ..."

*

„Du, Max, büst du eigentlich noch mit Kerstin tausamen?" – „Nee, du, de hew ick tau'n Düwel jagt." – „Oh Gott! De arme Kierl!"

*

„Ick glöw, üm de Wiehnachtstied rüm warden männig Kierls richtig poetisch", seggt Susanne tau ehr Fründin. „Ick seet gistern an de Bar un harr mienen scharpen Minirock an, un de Mann näben mi hett denn up mien Knei käken un seggt, mien linkes Bein wier för em as Wiehnachten un dat rechte Bein as Silvester." Ehr Fründin staunt. „Oh, würklich, siehr poetisch!" Susanne nickt. „Ja. Un denn hett he fragt, ob he twischen de Fierdaag mal 'n Besäuk maken künn."

*

Nah ein theologisch Konferenz sitten 'n poor Pasturen un ein Bischof noch gemütlich tausamen, un as se denn ok wat drunken hebben, kümmt dat Thema up de Frugens, un se ünnerhollen sick doroewer, wat woll denn' besünnern Reiz von de Frugens utmakt. De ein meint nu, dat wier dat Hoor, ein anner seggt, dat wiern de Ogen, un noch ein anner meint, dat Frugens besünners schöne Händ'n harden. Endlich nimmt ok ein sienen Maut tausamen un seggt, dat schönst an de Frugens wier de Bost. Dor fohrt de Bischof hoch un seggt: „Nu is't äwer naug, miene Herren! Süss is noch ein instann' un seggt de Wohrheit!"

„Du, Manfred, ick hew mal doroewer nahdacht, wat woll de gefährlichst Tied an' Dagg is." – „Dat kann ick di seggen. De gefährlichst Tied is ümmer de nah denn' Sex." – „Aha. Un worüm?" – „Wiel du denn meist up denn' Wegg nah Hus büst."

*

„Du, gistern hebben gliek twei Kierls mien Dochter 'n Heuratsandragg makt", vertellt Andreas an' Stammdisch, „ein Ingenieur un ein Liehrer." – „Dat is ja schön", seggt sien Kumpel Rolf, „un wecker is nu de Glückliche?" Andreas grient. „De Ingenieur. Se hett nämlich denn' Liehrer nahmen."

*

Karsten gratuliert sienen Soehn tau'n 18. Geburtsdagg un seggt: „Hartlichen Glückwunsch, mien Jung. Nu kümmt de schönste Tied in dien Läben. Nu kannst du nämlich bet tau de Hochtied maken wat du wisst."

*

As Stefan 'n Vierteljohr verheurad't is, seggt he tau sien Fru: „Schatz, weitst du, dat is ja schön, dat du ümmer so giern singst, äwer ick find, du süsst di up Wiehnachtslieder spezialisieren." Se strahlt. „Oh! Du meinst, dat mien Stimm dortau besünners gaud passt?" Stefan schüttelt denn' Kopp. „Nee, äwer denn würdst du blot einmal in't Johr singen."

*

„Duuuu?", seggt se, „ick hew noch mal nahdacht ... uns Striet vörhen ... du, dat wier würklich doemlich." Ehr Mann freut sick. „Würklich?" – „Ja", nickt se, „besünners dat, wat d u seggt hest."

*

„Mami", seggt de lütt Sven, „vertell mi doch mal, woans du Mama worden büst." Sien Mudder druckst rüm. „Ach, weitst du ... frag doch leiwer mal Papi, woans he Papa worden is." Sven geiht nu tau sienen Vadder. „Papi, woans büst du Papi worden?" Sien Vadder kratzt sick an' Kopp. „Nu ja, eigentlich wull ick damals mit mien Frünn' einen drinken gahn, äwer denn hett dat buten so pladdert ..."

„Manfred, segg mal, hest du in dien Jugend eigentlich ümmer Glück bi de Frugens hatt?"
„Oh ja! Ein wull sick mienetwägen sogor ümbringen."
„Würklich?"
„Ja. Se hett seggt: Iehrer ick di heuraden dau, bring ick mi leiwer üm."

*

'n jungen katholschen Mann kümmt tau denn' Paster in de Bicht: „ Herr Paster, ick hew gistern mit ein ganz scharpe junge Fru slapen." – „Oh", seggt de Paster, „dat wier säker Susi Möller ut de Lindenstraat!" De anner schüttelt denn' Kopp. „Denn wier dat Anni Meier von' Postplatz." – Nee", seggt de jung Mann, „de ok nich." De Paster denkt nah. „Denn kann dat blot noch Anneliese Schmidt ut de Siedlung wäst sien." De jung Mann schüttelt wedder denn' Kopp. „Nee, Herr Paster, un ick segg ok nich, wecker dat wier." Nu ward de Paster argerlich. He seggt: „Denn kann ick di ok nich richtig de Bicht awnähmen" un schickt em rut. Buten hett sien Fründ up em luurt, un de fröggt nu: „Na? Hett he di von dien Sünden losspraken?" – „Nee, dat nich", seggt de anner, „äwer drei gaude Tipps hett he mi gäben!"

„Du, ick hew grad läst, dat dat siet 120 Johren dat Telefon giwt. Un weitst du, oewer wat ick nu nahdenken möt?"
„Nee, oewer wat?"
„Ick frag mi: Mit wat hebben de Frugens sick blot vörher beschäftigt?"

*

Horst dröppt sienen Fründ Detlef. „Hest du all hürt, dat Monika heurad't hett?" Detlef wunnert sick bannig. „Monika? Grad de? Ick hew ümmer dacht, se wier bi de Kierls miehr so för de Awwesselung." Horst grient. „Dat is bi ehr ümmer noch so. Dorüm hett se ja ok 'n Boxer heurad't. De süht nah jeden Kampf anners ut."

*

Max seggt bi't Danzen tau de Fru, de he upföddert hett: „Oh, Se hebben ja Ogen as gläunige Kahlen! Dor möt ick ja bannig uppassen, dat ick nich Füür fangen dau!" – Ja", seggt de, „dat künn würklich gefährlich för Se warden. Se danzen nämlich, as wenn Se twei Holtbein harden."

*

Silvia un Bernd hebben sick verlawt. As Silvia einen Dagg dornah von' Kaffeeklatsch trüggkümmt, fröggt Bernd: „Na, hebben dien Fründinnen ok dienen schönen Verlawungsring bewunnert?“ Silvia nickt. „Ja. Un drei hebben em sogor wedderkennt.“

*

Rolf is bannig argerlich up sien Dochter. „Ick krieg ja woll gor nix miehr von di tau weiten! Sogor in de Nahwerschaft ward all vertellt, dat du 'n Baby kriggst! Blot ick hew kein Ahnung! Wecker is denn de Vadder?“ Sien Diern grient em an. „Fief Mal dörfst du raden ...“

*

Ein jung Fru stört' up einen Polizisten tau. „Hollen Se denn' Mann fast, de dor löppt!“ De kiekt in de Richtung un seggt: „Nu man ruhig, Fröllein, de is ja all väl tau wiet wegg. Wat is denn los?“ – „De wull mi in denn' Park dor küssen!“ De Wachtmeister grient. „Äwer mien Fröllein! Dortau warden Se doch woll ok noch 'n annern finnen!“

*

Kuhlmann sien Auto streikt ünnerwägens midden in ein Dörp. Wieldes he up denn' ADAC luurt, föllt em up, dat dor oewerall bannig väl Kinner tau seihn sünd. As ein Inwahner vörbikümmt, fröggt he em: „Seggen Se mal – de välen Kinner hier, sowat süht man ja hütigendaags ganz selten ..." – „Na ja", seggt de anner, dat liggt an de Bahnstreck, de hier dörchgeiht. Morgens Klock fief dunnert hier ümmer de ICE dörch. Un weiten Se, tau'n Upstahn is dat denn noch tau tiedig, un wedder inslapen lohnt ok nich miehr ..."

*

In gaude un in leege Tieden

Elvira rüttelt ehren Mann waak. „Jürgen! Jürgen! Waak up! Du hest all wedder in'n Slaap snackt!" – „Oh Mann!", stoehnt Jürgen, „lat mi doch wenigstens nachts mal uträden!"

*

Gabi steiht in' Schmuckladen un hett all lang'n ne Kääd in de Hand. „Na, gefööllt Se de Halskett mit denn' Diamanten, gnädig Frau?", frögt de Juwelier. Gabi nickt. „Ja, siehr. Künnen Se de ok för mi trüggleggen?" – „Ja", seggt he, „ick denk, dat lött sick maken. Wo lang'n denn?" – „Nu ja", seggt Gabi, „bet mien Mann mal wedder düchtig wat gaudtaumaken hett."

*

Ivonne hett ehren Mike verspraken, em tau'n Geburtsdagg ein richtig Festdagsäten tau kaken, äwer as he nah Hus kümmt, steiht nix up'n Disch. „Dat deiht mi leed", seggt se, „äwer wi hebben keinen Strom." Mike wunnert sick. „Äwer wi hebben doch 'n Gashierd!" – „Ja, dat woll", seggt Ivonne, „äwer uns Dosenöffner is doch elektrisch."

*

„Also, Fru Möller, wi hebben doch nu Wiehnachtstied", seggt de Richter, „dor süll man doch ok mal vergäben koenen. Willen Se sick dat mit de Scheidung nich noch mal oewerleggen?" Fru Möller denkt nah un seggt denn: „Na gaud, ick treck de Klag trügg." De Richter kiekt nu tau ehren Mann roewer. „Herr Möller, Seehr Fru seggt, se will dat noch mal mit Se versäuken. Wat meinen se dortau?" Möller süfzt. „Ick nähm de Straf an, Herr Richter."

*

„Na, wat wünscht sick denn dien Fru dit Johr tau'n Geburtsdagg?", fröggt Paul. Kurt winkt blot aw. „Hür blot up! Dat ward ümmer düller mit ehr. De wünscht sick entwedder ne Parlenkett odder 'n Auto." – „Un wat schenkst du ehr?", will Paul weiten. „Ne Parlenkett natürlich", seggt Kurt. „Aha", seggt Paul, „un worüm ne Parlenkett?" Kurt grient. „Dat giwt kein unechte Autos."

*

Katja un Christoph sitten bi'n Frühstück un he hett as ümmer de niegsten Nahrichten vör de Näs. Mit mal seggt he: „Du, mien Schatz, hüt steiht wat oewer di in de Zeitung." Katja is furts ganz munter. „Oh! Oewer mi? Wat denn?" Christoph grient. „Dat dat tau väl Frugens up de Welt giwt."

*

Gustav kiekt sick de beiden Buddels noch mal genau an, de em de Awtheiker grad gäben hett. „Also, dat ein Mittel is för mien Fru un dat anner för mien Pierd?" De Awtheiker nickt. „ Äwer dat sünd ja beid de glieken Buddels!" – „Ja, dat woll", seggt de Awtheiker, „äwer dor steiht ja up, för weckern dat is." Gustav is noch nich taufräden. „Un se hebben ok würklich nich de Etiketten verwesselt ?" – „Natürlich nich!", seggt de Awtheiker argerlich. Nu is Gustav beruhigt. „Na denn is't ja gaud. Dat mi blot nix mit mien Pierd passiert!"

*

„Paul, worüm süppst du blot ümmer so väl?" fröggt Felix, as sien Kumpel em mal wedder duun entgägen kümmt. Paul bliwt stahn. „Ach, dat is blot wägen mien Ollsch." Äwer so geiht dat doch nich wieder", seggt Felix, „denn mötst du di scheiden laten!" – „Wat?", seggt Paul, „denn hew ick ja keinen Grund miehr tau'n Supen!"

*

„Rolf, ick hew hürt, du büst all wedder scheid't?", fröggt Susanne ehren Nahwer, „du hest di ne anner söcht, stimmt?" Rolf nickt. „As ick mi dat dacht hew", seggt Susanne, „äwer dat kann mi mit mienen Mann nich passieren. Egal, wo he ok is un wat he ok deiht, he denkt dorbi ümmertau blot an mi!" Rolf grient. „Dat glöw ick. Ick hew em grad bi't Teppichkloppen taukäken!"

*

„Herr Direktor", seggt de Sekretärin, „dörf ick mal bi Se denn' Telefonhürer upleggen? De liggt all ne halw Stunn' näben denn' Apparat." De Chef winkt aw. „Ne halw Stunn'? Nee, denn laten Se em man noch liggen, denn snackt mien Fru noch."

„Du, Tom", seggt Manfred, „wenn ick mit mien Fru Striet hew, denn ward se ümmer historisch." Tom kiekt em an. „Du meinst hysterisch." Manfred schüttelt denn' Kopp. „Nee, historisch. Se smitt mi denn ümmer mien Vergangenheit vör."

*

„Büst du eigentlich noch ümmer mit dienen Mann taufräden, Sabine?", fröggt Susi. De nickt. „Ja, he is würklich 'n wunnerboren Ehemann. He hett blot 'n ganz lütten Fähler. He hett so'n slicht Gedächtnis." Susi wunnert sick. „In sien Öller all?" – „Ja", seggt Sabine, „ümmer wedder seggt he, he will nich miehr frömdgahn. Un ümmer wedder vergätt he dat."

*

„As ick di heuradt hew, bün ick würklich 'n schönen Trottel wäst!", bölkt he. Se schüttelt denn' Kopp. „Dat stimmt nich, mien Schatz. Schön büst du nienich wäst."

*

Möller sitt bi'n Psychologen. „ Also, Herr Möller, ick seih dat so: Se hebben ein bannig starke Hemmung. Un disse Hemmung nimmt se de ganze Läbensfreud un lött se depressiv warden. Un dorüm möten se disse Hemmung loswarden."
Möller ward unruhig. „ Herr Dokter, blot nich so luut! De Hemmung sitt buten in't Wartezimmer!"

*

„Na, Elvira, hett dat Fasten bi dienen Mann all anslagen?", fröggt Paula. „Na klor, bannig sogor!", seggt Karla, „de Viermastbark, de he up sienen Buuk tätowiert hett, de süht all ut as 'n Faltboot!"

*

Dat Ehepoor Liebermann is bi de Ehe-Therapie. As de Therapeut fragt: „Wenniehr harden se denn dat letzt Mal Sex?", dor kiekt se ehren Mann an un seggt: „Also ick gistern – un du?"

*

Klausen sitt ümmer giern vör sien Hus un smökt sien Piep. As de Paster mal vörbikümmt, seggt de: „Na, Herr Klausen, wenn‘ Se dor so sitten süht, denn mücht man doch binah fragen, wat Se woll leiwer is: Seehr Fru odder Seehr Piep.“ Klausen grient. „Mien Piep, Herr Paster. Bi mien Piep kann ick nämlich dat Mundstück awschruben, un bi mien Fru nich.“

*

De Fru von Buur Harms is all in‘ nägten Monat, un as se körtens nachts in't Bett liggen, dor rüttelt se mit mal ehren Kierl waak un röppt: „Stah up, stah up, ick glöw, dat geiht los bi mi!“ He behöllt de Rauh. „Oh wat, slap man wedder in, du hest noch Tied dormit.“ Doch se glöwt em nich. „Wat? Woher wisst du dat denn weiten?“ Harms dreiht sick ganz ruhig up de anner Siet. „Ick hew gistern Abend noch mal up'n Kalender käken: Ierst de Katt, denn de Kauh, un denn du.“

*

„Du, Schatz?", fröggt Bettina ehren Mann, „findst du nich ok, dat ick dörch disse Gurkenschieben up't Gesich schöner warden dau?" He kiekt ehr an. „Doch, väl schöner sogor. Äwer worüm nimmst du de ümmer wedder aw?"

*

As Veronika in denn Frugensverein upnahmen is, beklagt se sick dor gliek mal oewer ehren Mann. Ein von de annern Frugens wunnert sick un seggt: „ Also, ick weit nich, worüm Se dor so väl Theater hebben. Siet ick verheurad't bün, hew ick noch kein einzig Mal Striet hatt." – „Oh", staunt dor Veronika, „würklich nich?" De anner schüttelt denn' Kopp. „Nee, würklich nich. Un ick hoff, dat bliwt ok de tweite Woch so."

*

„Du, ick glöw, dat is bilütten Tied, dat wi uns mal richtig utspräken", seggt se. He nickt. „ Wenn du meinst. Fang all mal an, ick gah wieldes blot noch mit'n Hund rut."

*

„Du, Rainer", seggt Gerd, „ ick hew grad wedder faststellt, dat mien Frau eigentlich ümmer Recht hett." – „Un bi wat hest du dat faststellt?", fröggt Rainer. „Ick harr ehr versprasken, ehr tau'n Geburtsdagg 'n schönes düres Armband tau schenken. Un se hett seggt: „Dat deihst du ja doch nich." Un stell di vör - se hett wedder mal Recht hatt!"

*

„Du wisst di also von mi scheiden laten?", bölkt he, „ dat oewerlegg di noch mal! So einen Mann as mi kriggst du nienich wedder!" – Ja", nickt se, „dat is mien grote Hoffnung."

*

„Ick glöw, wi hebben gistern Abend doch 'n bäten tauväl sapen", seggt Klaus un sett' sick tau Lutz up de Parkbänk. „Wo büst du denn noch land't, as wi ut'n Kraug rut wieren?" Lutz kiekt bedrippst vör sick hen. „In Rönnstein. Un denn hebben mi weck funnen un up de Polizei-Wach bröcht." Klaus stoehnt. „Mann, wat hest du ein Glück hatt! Mi hebben se nämlich nah Hus tau mien Fru bröcht!"

*

„Also, wenn ick hür, wat mit juge Kierls so los is", seggt Claudia tau ehr Fründinnen, „denn bün ick froh, dat ick nich heurad't hew." – „Ach, weitst du", seggt dor Tina, „allein sien is ja ok nich schön." Claudia süht dat in. „Dat magg sien. Äwer ick bün ja nich allein, ick hew ja 'n Hund." Dor hett nu Beate so ehr Bedenken. „Äwer mit denn' hett man doch ok so sien Sorgen ..." – „Na un?", seggt Claudia, „'n Hund versaut di woll denn' Teppich, äwer 'n Mann dat ganze Läben!"

*

De oll Möller liggt up dat letzt Lager, un sien Fru sitt bi em un höllt sien Hand. „Elvira, du büst mi ümmer ne gaude Fru wäst." Se nickt. „Ja, dat find ick ok." – „Würdst du mi noch einen letzten Wunsch erfüllen?" Elvira oewerleggt so'n bäten. „Un wat för'n Wunsch is dat?" – „Dat rükt hier so schön nah frischen Kauken, kann ick dorvon woll 'n Stück hebben?" – „Nee", seggt Elvira, „dat geiht nich. Dat is de Kauken för denn' Beierdigungskaffee!"

*

„Dagg, Fru Schulz! Ach, dat is Seehr Lütt? Wo nüdlich! Un ganz un gor de Papa!"
„Ja, besünners wenn man em de Buddel weggnimmt!"

*

De Lütten mang de Groten

As de lütt Max ut sien Kinnerstuw rutkümmt, süht he, dat twei frömde Lüüd dor sünd. Sien Vadder stellt se em vör un seggt: „Mäxing, dit is mien Chef mit sien Fru. De besäuken uns hüt abend. Un du kannst dorüm gliek mal in' Keller gahn un uns ne schöne Buddel Wien ruphalen." Max schüttelt denn' Kopp. „Dat geiht nich, Papa." – „Un worüm nich?" – „Möllers hebben de Latten wedder annagelt."

*

„Leiw Kinner", seggt de Liehrerin, „wi snacken hüt mal oewer de välen nützlichen Saken, de de Minschen erfunnen hebben. Ein von disse Dingen finnen wi tau' n Bispill in de Baadstuw. Denkt mal nah – wo kiekt ji hen, wenn ji weiten willt, ob ji juch denn' Hals richtig wuschen hewt? Na, Ralfi?" Ralfi strahlt. „Up dat Handdauk, Fru Liehrerin!"

*

„So, mien Jung!", bölkt de Vadder, „dissen Backs hest du würklich verdeint! Un nu seggst du mi mal, worüm du denn' krägen hest!" De Lütt blarrt los: „Wat denn? Ierst schlöggst du mi, un denn weitst du nich mal miehr, worüm?"

„Na, mien lütt Päuling, wat müchts du denn mal warden, wenn du grot büst?"
„Wiehnachtsmann, Tante Elfriede!"
„Ach, un worüm?"
„Denn bruk ick mi mien Gesicht nich miehr waschen, blot noch kämmen!"

*

„Na, Tining, du strahlst ja so! Oewer wat freust du di denn so dull?"
„Ick freu mi doroewer, dat mien Mutti mi an' allerleiwsten hett!"
„Un woher wisst du dat weiten?"
„Se hett sick nu all dat vierte Mal 'n niegen Mann söcht, äwer mi hett se ümmer behollen!"

*

„Na, Sven", seggt de Vadder, „nu willen wi doch mal seihn, wat du all so weitst, mien Jung. Weitst du tau'n Bispill, worüm Damp ut denn' Kätel kümmt, wenn dat Wader kaakt?" De Jung nickt. „Ja, Papi. Dormit Mutti ümmer heimlich dien Breif upmaken kann!"

„Segg mal, Bärbel", seggt Ralf tau sien Fru,„ hest du markt, dat uns Jung uns ümmer öfter beleigen deiht? As ick in sien Öller wier, hew ick nienich lagen!"
Sien Frau kiekt em scharp an. „Aha? Un wenniehr hest du dormit anfungen?"

*

„Du, Mami, wi wieren hüt mit uns Klass in' Zoo. Un dor wier ein Aap, de wier genauso grot as Papi!"
„Dat glöw ick nich. So'n groten Aapen as dienen Vadder giwt dat oewerhaupt nich."

*

„Mami?", fröggt Bastian, „du hest dor ja so'n poor griese Hoor up'n Kopp. Von wat kamen de?" Sien Mudder hett natürlich furts de richtig Antwurt för em: „Dat liggt blot an di. Ümmer wenn ick mi oewer di arger, denn ward ein Hoor gries." Dor fangt de Lütt an tau grienen. „Aha! Denn weit ick nu ok, worüm Omi blot noch griese Hoor hett."

*

„Mami, Mami, ick will noch 'n Ies hebben!", röppt Mirko, as sein Mudder mit em von't Inköpen nah Hus will. Doch de treckt em wieder. „Nee, ein Ies langt. Miehr giwt dat nich." Doch Mirko bliwt stur. „Ick will äwer noch 'n Ies hebben!" Nu ward sein Mudder fünsch. „Un ick hew „Nee" seggt!" Dor stampt Mirko mi de Bein up un bölkt: „Wenn ick kein Ies miehr krieg, segg ick hier vör alle Lüüd „Omi" tau Di!"

*

Hannelore is allein up Kur un röppt tau Hus an. Ehr lütt Soehn is an't Telefon. „Hallo, Benni, hier is dien Mama. Ick wull blot mal fragen woans juch dat geiht un ob du mit Papa allein ok gaud klorkümmst." – „Ja, Mama", seggt Benni, „hier is allens klor. Blot gistern Nacht, dor wier so'n dull Gewitter, dor bün ick upwaakt un hew ganz dull Bang hatt. Un dor künn ick nu gor nich tau di in't Bett kamen." – „Äwer dor harrst du doch tau uns Deinstmäten gahn künnt." – „Dat wull ick ja ok", seggt Benni, äwer in de ehr Bett leeg Papi all."

*

De lütt Mia steiht vör't Hus un blarrt un blarrt un blarrt. Ein Mann kümmt vörbi un frögt: „Wat hest du denn, mien Diern, worüm rohrst du denn?“ – De Lütt lopen de Tranen man ümmer so daal. „Mien Papa hett sick ganz dull mit'n Hamer up'n Dumen haugt!“ – „Ach, un denn weinst du woll ut Mitleed?“ – Nee!“, blarrt de Lütt, „Ick wein, wiel mien Brauder Heini dat seihn hett, un ick nich!“

*

„Svenni, de Upgaw is doch ganz einfach!“, seggt de Liehrerin, „pass mal up: Stell di vör, du hest 100 Euro. Dorvon giwst du 25 dien Öllern, 25 dien Schwester un 10 dienen Fründ. Wat harrst du denn?“ – „Denn harr ick 'n Knall, Fru Liehrerin!“

*

„Mami? Du kannst de Iesenbahn wedder von mienen Wunschzettel strieken.“
„So? Un worüm?“
„Ick hew taufällig in't Schapp all ein funden!“

*

Maiki löppt up einen Polizisten tau. „Herr Wachtmeister, Herr Wachtmeister, Se möten furts ingriepen!“ De Wachtmeister bliwt ruhig. „Bi wat denn?” – “Seihn Se dat denn nich? Dor achtern prügelt sick mien Vadder mit einen annern Mann!“ De Polizist kiekt hen. „Aha. Ja, stimmt. Un wecker von de beiden is dien Vadder?“ – „Dat weit ick ok nich! Dorüm kloppen de beiden sick ja!“

*

Jacob, Sascha un Katrin schimpen up ehr Mudder:
„De hett seggt, wi sallen uns Stuben uprümen!“
„Un in' Gorden sallen wi ok noch helpen!“
„Ick sall sogor dat Vagelbuur saubermaken!“
„Un ick sall Stoff wischen!“
„Wat de sick allens utdenkt!“
„Dat kann ick di seggen! Äwer weitst du wat? Wenn wi mal grot sünd - de ward bi uns nich Oma!“

*

Tom süht taufällig, dat 'n lütt Jung up de Straat 'n Hunnert-Euro-Schien find't. „Du, denn' mötst du äwer bi't Fundbüro awgäben." De Lütt schüttelt denn' Kopp. „Nee, de gehürt mien Mudder." – „Wat?", seggt Tom, „woher wisst du dat denn weiten?" De Jung wiest up dat nächst Hus. „Wi wahnen dor baben, un Vadder seggt ümmer, Mudder smitt dat Geld tau'n Finster rut."

*

As dat klingelt, makt de lütt Julius de Dör up. Dor steiht'n frömden Kierl un seggt: „Gauden Dagg, mien Jung. Is dien Vadder tau Hus?" – „ Ja", seggt Julius, „un wecker sünd Se?" – „Ick bün ein von de beiden Chefs von dienen Vadder." Nu kiekt Julius denn' Kierl genauer an. „Aha. Un wecker von de beiden sünd Se? De Blödmann odder de Trottel?"

*

„Omi? Du bliwwst doch noch 'n bäten bi uns, odder?"
„Würdst du di denn doroewer freuen, mien Jung?"
„Na klor, denn makt Papi nämlich 'n ganz dulles Kunststück!"
„So?"
„Ja. He hett seggt, wenn du de ganze Woch bliwwst, denn geiht he de Wänd'n hoch!"

*

„So, Päuling, nu hew ick di allens vertellt, un du glöwst nich miehr an denn' Klapperstorch, nich?"
„Nee, Mudding."
„Un nu will ick di gliek mal wat fragen: Müchst du woll giern noch 'n lütten Brauder odder ne lütt Schwester hebben?"
„Nee. Koent ji nich leiwer noch 'n Opa maken?"

*

De Katechet will in de Religionsstunn' weiten, wat för'n Dischgebet bi de Kinner tau Hus ümmer spraken ward. Se leggen nu ok all los mit „Komm, Herr Jesus, sei unser Gast ..." un so wieder. Blot Susi seggt nix un kiekt so'n bäten doesig. Nu will de Katechet ehr helpen: „Na, Susi, du weitst doch bestimmt ok wat. Wat seggt denn juch Mudder ümmer, bevör ji anfangt tau äten?" Nu weit Susi Bescheid: „Wascht juch de Hänn', ji Farken!"

*

„Du, Tante Dora, ick glöw, wi kriegen nu ok Kabelfernsehen!"

„So? Un woher weitst du dat?"

„Ick hew gistern bi mien Öllern an de Slapstubendöör lauscht, un dor hew ick hürt, dat Vadder tau Mudder seggt het: „Wenn wi twei satt kriegen, denn kriegen wi ok 3 Sat!"

*

Wat fählt mi, Herr Dokter?

As de Dokter mit sien Ünnersäukung fardig is, seggt he tau de jung Fru: „Se sünd in gaude Ümstänn', mien Fröllein, ick hoff, Se freuen sick doroewer." - „Nee", seggt de, „dat glöw ick nich. Dat kann gor nich sien. Ick hew nämlich noch nienich mit einen Mann wat hatt." - „Oh", seggt dor de Dokter, „denn möt ick doch fix mal ut dat Finster kieken." „Worüm denn dat?" fröggt de jung Fru. „Nu ja", seggt de Dokter, „as sowat dat letzt Mal passiert is, dor sall dor in' Osten so'n Stiern upgahn sien ..."

*

As de Dokter sien Rezept utschräben hett, seggt he: „Tjä, Frau Krüger, Se nähmen nu ierst mal disse Druppen, tweimal teihn dorvon jeden Dagg, un denn bruken Se Bewägung, väl Bewägung. Gahn Se jeden Dagg ne Stunn' spazieren." – „Is gaud", seggt Krügersch, „dat dau ick, Herr Dokter. Un tau wecke Tied an' besten? Bevör ick de Zeitungen utdragen hew, odder achteran?"

*

„Wat denn, Herr Dokter, ick sall schwanger sien? Dat kann gor nich angahn."
„Woso denn nich?"
„Mien Fründ is Diplomat."
„Un wat hett dat dormit tau daun?"
„Na, dat heit doch ümmer, de sünd immun!"

*

Krause kümmt tau de Doktersch rin. „Brrrrm, brrrm ... Gauden Dagg, Fru Dokter.... brrrm, brrrm ..."
De Doktersch kiekt. „Nanu, wat hebben Se denn?" – „Ick bild mi ümmer in, dat ick 'n Auto bün, Fru Dokter ... brrrmmm ..." De Doktersch makt em wedder de Dör up. „Ick glöw, dormit süllten Se leiwer nah'n Psychiater gahn." Doch Krause dreiht noch ne Runn' üm denn' Schriewdisch un seggt: „Äwer ick hew ok so'n Bukweihdaag, ... brrm ..." – „Ach so!", seggt dor de Doktersch, „denn blieben's man hier. Denn is woll Seehr Vergaser verstoppt!"

*

De Dokter is mit sien Ünnersäukung fardig. „Ja, Fru Lehmann, mit Seehr Gesundheit koenen Se siehr taufräden sien.“ Inge freut sick. „Dat is ja schön, Herr Dokter.“ De Dokter will nu äwer ganz gründlich sien. „Mi würd blot noch mal interessieren, woans dat mit Seehr Sexualläben steiht.“ – „Gaud, Herr Dokter“, seggt Inge, „bi mi is allens in Ordnung.“ – „Schön. Un bi Seehrn Mann?“ – „Tjä“, seggt Inge, „dat weit ick nich, he vertellt mi ja nix dorvon.“

*

„Na, Herr Roloff, hebben Se dahn, wat ick seggt hew un ümmer bi apen Finster slapen?“

„Ja, Herr Dokter.“

„Un? Sünd Seehr Beschwerden nu wegg?“

„Nee, de nich, Herr Dokter. Äwer dorför mien Computer, mien Geld un mien antiken Möbel.“

*

„Klagt Seehr Mann ofteins oewer Döst, Fru Schult?“, frögt de Dokter. „Nee“, seggt se, „dat is dat ja äben! He freut sick doroewer!“

*

Fru Klein kümmt mit ehr lütt Dochter in de Späkstunn. As de Dokter sien lütt Patientin nu sülben fragen will, wat ehr fählt, fangt de bannig an tau stottern. „Nanu?", frögt de Dokter, „stottert dat Kind ümmer so?" – „Nee", seggt Frau Klein, „ümmer blot wenn se wat seggen will."

*

As dat Füür in Klapsmoehl wedder löscht is un de Dokter dorbi is, allens wedder in de Reig tau bringen, kümmt de Oberpfleger tau em un meld't: „Allens wedder klor, Herr Dokter!" – „Schön", seggt de Dokter, „denn hebben Se de acht Patienten, de noch fählt hebben, also ok wedderfunnen." – „Woso acht?", frögt de Pläger, „ick hew dreiuntwintig trüggbröcht!"

*

„Schön!", seggt Max, as em de Schwester von de Entbindungsstation drei Kinner bringt, „ick glöw, ick nähm denn' linken!"

*

Brömmel dröppt up denn' Karkhoff sienen Dokter. „Na Dokter?", seggt he, „maken Se Inventur?"

*

„Segg mal, Carmen", fröggt Beate, „stimmt dat, dat du twei Dokters hest?" – „Dat stimmt", seggt ehr Fründin, „ick hew einen ollen un einen jungen. Tau enn' ollen gah ick, wenn ick krank bün un tau denn' jungen, wenn mi wat fählt."

*

„Herr Dokter", saggt Fru Krause, „bi de Hormonpillen, de Se mienen Mann un mi verschräben hebben, dor möten Se woll wat verwesselt hebben. Mien Mann hett gistern anfungen, 'n Pullover tau knütten, un ick müsst mi hüt morgen rasieren."

*

Nich argern, blot wunnern

„Susanne, segg mal iehrlich, müchtst du männigmal 'n Kierl sien?"
„Nee. Un du, Manfred?"

*

„Du, Tom, wat för'n Datum hebben wi hüt eigentlich?"
„Dat weit ick nich."
„Äwer du hest doch ne Zeitung in de Hand. Kiek doch dor mal rup!"
„Dat nützt nix. De is von gistern."

*

Elvira makt Fohrschaul. Un ümmer wedder verwesselt se de Brems mit dat Gaspedal, würgt denn' Motor aw un schlingert up de Straat hen un her. As de Fohrliehrer de Nerven verliert un luut ward, dor futert Elvira trügg: „Hollen Se up, mi hier so antauschriegen! Wenn ick wüsst harr, dat ick ümmertau anbölkt ward, denn harr ick dat Autoführn ok bi mienen Mann liehren künnt!"

*

Peter dröppt taufällig sienen ollen Schaulfründ Thomas. „Minsch, Thomas!", röppt he, „wi hebben uns ja ne Ewigkeit nich seihn! Ick hew mal hürt, du büst Löwendompteur bi'n Zirkus worden?" Thomas nickt. „Ja. Äwer dat müsst ick upgäben. Ick bün mit de Löwen partout nich miehr klorkamen." – „Oh!", seggt Peter, „hebben se di anfollen?" Thomas schüttelt denn' Kopp. „Nee, dat nich. Äwer ümmer wenn ick 'n Füürreifen in Brand sett' harr, denn hebben se versöcht, em uttaupuusten!"

*

Jens stürmt in denn' Bäckerladen un smitt ne Tüt up denn' Disch. „Hier, Meister, denn' Kauken, denn' ick vörhen bi Se köfft hew, denn' nähmen Se man furts wedder trügg! Denn' kann doch kein Minsch äten!"
„Wat?", röppt de Bäcker, „ick hew all Kauken backt, dor wieren Se noch gor nich up de Welt!"
„Ach so?", seggt Jens, „un worüm verköpen Se denn' nu ierst?"

*

Beckmann steiht wägen Inbruch vör Gericht. „Herr Beckmann“, seggt de Richter, „se ward dreifachen Inbruch tau Last leggt! Wat koenen Se dortau seggen?“ – „Ach, weiten Se, Herr Richter“, seggt Beckmann, „dat wier doch blot wägen dat Wiehnachtsgeschenk för mien Fru. Se hett sick doch so siehr 'n Pelzmantel wünscht, un dorför harr ick doch dat Geld nich.“ – „So so“, seggt de Richter, un dor sünd se denn einfach in denn' Pelzladen inbraken un hebben einen klaut?“ Beckmann kiekt vör sick daal. „Ja, Herr Richter.“ De Richter blädert in sien Akten. „Aha. Dat wier ... Momang ... an' Mandagg, denn' 5. Dezember. Un worüm sünd se an' Mittwoch denn' soebenten un an' Friedagg, denn' nägenten Dezember wedder in dat glieke Geschäft inbraken?“ – „Nu ja, Herr Richter“, seggt Beckmann, „ick hew denn' Mantel noch tweimal wedder ümtuuschen müsst!“

*

Paula klagt ehr Fründin ehr Leed: „Du, ick glöw, mien Mann, de süppt heimlich. Äwer he verstellt sick ümmer un lött sick dat nich anmarken. Ick mücht doch tau giern mal rutkriegen, ob he sapen hett, wenn he nah Hus kümmt." „Dat is doch ganz einfach", seggt ehr Fründin, „is ja grad Wiehnachtstied. Du stellst di einfach mit'n Licht in de Hand vör em hen. Wenn he denn meint, dat dat twei Lichter sünd, denn is he duun, un wenn he sogor meint, dat dat drei Lichter sünd, denn is he vull bet babenhen." Paula deiht dat ok, un as ehr Mann nah Hus kümmt, steiht se mit'n Licht dor. „Oh", seggt dor ehr Mann, „worüm hest du denn denn' Dannenboom in de Hand?"

*

Norbert un Manfred stahn an ein Baud up'n Wiehnachtsmarkt. Manfred giwt einen ut un seggt: „Norbert, stell di mal vör: Du sittst in' Auto un führst. Un in eine Tour führt rechts von di ne Füürwehr mit Blaulicht, vör di rasen twei Pierd dorhen, un dicht oewer de Ierd kümmt denn noch 'n Hubschrauber achter di an. Wat mötst du dor an' besten maken?" Norbert kiekt em grot an. „Dat weit ick nich." Manfred grient. „Nich soväl Gläuhwien supen un von't Kinnerkarussell awstiegen!"

„Schatz", seggt se, „ ick bün nu all in' achten Monat un wi hebben ümmer noch keinen Namen för denn' Jungen. Woans sall uns Lütt denn nu mal heiten?" He oewerleggt. „Also, ick würd em giern nah mienen Großvadder nennen." – „Wat?", röppt se, „findst du dat nich doemlich, em ümmer ‚Opa' tau raupen?"

*

„Herr Schütt – se hebben also in dat Bahnhoffslokal ne Klopperie anfungen."
„Ja, Herr Richter."
„Un as se sick dor ne halw Stunn' prügelt harden, sünd se rutgahn."
„Ja, Herr Richter."
„Äwer worüm sünd se denn nah teihn Minuten wedder rinkamen un hebben sick wiederkloppt?"
„Mien Togg harr Verspädung, Herr Richter."

*

„Du, Susanne, mien Hund, de is so klauk, de läst jeden Dagg de Zeitung!"
„Ick weit, ick weit. Dat hett mien Katt mi all vertellt."

„Na, Paul", fröggt Jochen, „ woans löppt dat denn so mit dienen Buurnhoff?" – „Ach, weitst du, eigentlich ganz gaud", seggt Paul, „ blot de niegen EU- Vörschriften, de bringen mi noch in't Graww." – „Sünd de denn würklich so schlimm?" – „ Klor", stoehnt Paul, „ de niegst Vörschrift is, dat all Veihtüg Uhrenmarken hebben möt. Mit de Käuh un de Schap un de Zägen un de Schwien bün ick all dörch, dat wier nich so schlimm, äwer nu sünd de Immen an de Reig ..."

*

De Trainer steiht vör de Hansa-Späler un seggt: „Also Jungs, ick glöw, dat geiht nich anners, wi möten noch mal ganz von vörn anfangen. Also, dat, wat hier in de Hand hollen dau, dat is ein Ball. Allens klor?" All Späler kieken intersssiert hen, doch as he denn' Ball wedder weggleggen will, röppt ein: „Momang, nich so fix! Kann ick dat Ding noch mal richtig seihn?"

*

Buur Klaukmann wier up'n Pierdmarkt un hett sick dor ok'n Pierd köfft, un de Verköper seggt: „So, Herr Klaukmann, an dissen Hingst warden Se väl Freud hebben." Klaukmann kiekt dat smucke Diert noch mal an un meint: „Dat glöw ick ok. Nächst Woch will ick em ok all anküren laten." – „Dat daun Se man", seggt de Verköper, äwer wenn he dorbi nich nauch Temperament wiesen süll – för dissen Fall gäw ick Se hier mal ne Päperwörtel mit. De schubens em denn achtern rin. Denn ward dat all warden. Un hier hebben Se ok noch ne tweit' dorvon, as Ersatz." Klaukmann bedankt sick un treckt nu stolz mit sienen Hingst aw. Nah twei Wochen dröppt de Verköper em wedder. „ Na, woans is't denn lopen mit de Kürung?" – „Tjä", seggt Klaukmann, „dat möt ick Se vertellen: Also he wier würklich tauierst so'n bäten lahm, un ick müsst dat mit de Päperwörtel so maken, as Se seggt hebben. Äwer denn is he so dull awraast, dat ick för mi de tweit' Wörtel brukt hew, üm em wedder intaufangen!"

*

Katharina hett ehr ierste Fohrstunn'. Grad sünd se losführt, dor bölkt se: „Herr Meier! Herr Meier! Ümmertau lopen mi de Fautgänger vör dat Auto!" - „Ganz ruhig blieben, ganz ruhig!", seggt de Fohrliehrer, „un denn führen Se an' besten ierst mal von' Börgerstieg rünner ..."

*

„Se gäben also tau, dat Se in de Bank inbraken sünd."
„Ja, Herr Richter."
„ Äwer worüm denn an' hellerlichten Dagg?"
„Tjä, Herr Richter, ick hew mal hürt, man sall nachts nich mit so väl Borgeld ünnerwägens sien."

*

„Oh, Birgit", seggt Marianne, „du hest ja 'n nieges Handy!" Birgit nickt. „Ja. Mien oll is mi körtens in' Suppenpott follen." – „Ja", seggt Marianne, „dat koenen de Dinger nich aw. Äwer freu di doch, dat du 'n nieges hest. Dormit kannst du sogor fotografieren." Birgit kiekt ehr grot an. „So? Wat de sick ümmer för'n Quatsch utdenken! Wecker will all 'n Foto von mien Uhr seihn!"

*

Optiker Möller is würklich 'n gedülligen Minschen. Äwer as Elfriede ok dat dörtigst Brillengestell wedder henleggt un seggt: „Hebben Se würklich kein Brill, de so richtig tau mien Gesicht passen deiht?" Dor kann he nich miehr an sick hollen un dunnert: „Doch, hew ick! Gahn Se mal rut up't Kundenklo!"

*

Fru Meier hett denn' Klassenliehrer von ehren Soehn üm ein Utspraak bäden. „Also, dat mien Soehn sittenbläben is, dat kann ick nich verstahn. Wier dat würklich nödig wäst?" De Liehrer nickt. „Ja, Fru Meier, dat löt sick leider nich verhinnern." Meiersch will dat nu ganz genau weiten. „Un an wat hett dat lägen? Weit he nich naug?" De Liehrer kratzt sick an' Kopp. „Ick will dat mal so utdrücken, Fru Meier: Mit dat, wat Seehr Soehn nich weit, künnen noch drei anner sittenblieben!"

*

„Mann, giwt dat hüt all wedder Tüftensupp?", stoehnt Fiete. „Ja", seggt sien Fru, „dat is de Rest von gistern, un de möt ok upäten warden." Fiete treckt 'n Muul. „De hett mi all gistern nich schmeckt!" „Na gaud", seggt sien Fru, „denn snied ick dor äben noch Wusst rin, mak bäten Bodder doran un gäw se denn' Hund."

*

„Du, hest du all hürt, dat de Bus von Hansa Rostock nu ümmer bi Rot oewer de Krüzung führt?"
„Nee, worüm?"
„Dormit se wenigstens in Flensburg poor Punkte kriegen."

*

Unverhofft kümmt oft

Bi Anna in't Büro klingelt dat Telefon un ein Stimm seggt ganz upgerägt: „Hier is Jochen Schütt, Seehr Nahwer. Se möten fix nah Hus kamen! Seehr Mann liggt doot up'n Flur!" Anna verfiert sick. „Wat denn? Doot up'n Flur? Einfach so?" – „Ja! Direkt vör Seehr Wahnungsdör! Un näben em steiht ein Karton un he hett'n Zettel in de Hand!" Anna stutzt: „Ein Zettel? Süht de ut as ne Räknung? – Ja? - Oh, wunnerbor! Denn is ja endlich mien Pelzmantel ankamen!"

*

Lars sitt mit sienen Kumpel Henry up de Bänk in' Park. „Du, wier dat dor nich äben de Sängerin Anita Piroletti?" Henry kiekt de Fru nah. „Ja, ick glöw, dat wier se." – „Dat glöw ick ok", seggt Lars, „de hett doch früher ok ümmer bi de Tierparkkonzerte sungen." Henry nickt. „Ja, äwer dat dörf se nich miehr." – „Ach", fröggt Lars, „un worüm nich?" Henry grient. „De Tierschutz hett dat verbaden."

*

„Na, Fru Klemke", seggt de Nahwersch, „sünd se nu all 'n bäten doroewer weggkamen, dat seehr Mann versapen is?" Fru Klemke nickt. „Ja, dat geiht all. Un ick hew ja ok 'n lütten Trost. He hett mi nämlich 200 000 Euro hinnerlaten." De Nahwersch wunnert sick bannig. „Wat denn? Soväl Geld hett he hatt? He künn doch kuum läsen un schrieben!" – „Dat stimmt", seggt Fru Klemke, „ äwer swemmen künn he tau'n Glück ok nich."

*

Dat Bernd 'n bannigen Giezknubben is, dat weit jedein an' Stammdisch. Äwer wat Fiete nu vertellt, dat koenen se binah nich glöben: „Stellt juch vör: He duscht un bad't un wascht sick nich miehr, üm Wader tau sporen!" – „Mann!", seggt Dieter, „dor möt he doch bilütten anfangen tau stinken!" Fiete schüttelt denn' Kopp. „Nee, he hett ne anner Method funnen. Ümmer wenn he mit sienen BMW in de Waschanlaag führt, leggt he sick nakicht up't Autodack."

*

Paul un Inge sünd meist nich miehr nett taueinanner. Eines Daags – he läst grad sien Zeitung un se hett so'n Klatschblatt vör de Näs, dor fröggt se mit mal: „ Du, Paul, wat würdest du woll maken, wenn du mi mit einen annern Mann in't Bett erwischen würdest?" He kiekt nich mal hoch. „Ick würd denn' Kierl ut' Finster smieten un denn' Stock achteran." – „Wat denn för'n Stock?", fröggt Inge verwunnert. „Na, dat is doch woll klor", seggt Paul, „wecker mit di in't Bett geiht, hett up jeden Fall 'n witten Stock bi sick."

*

As Katja ut'n Hus will, höllt de Nahwer ehr an. „Fru Kullmann, so geiht dat nich wieder! Siet Se näbenan wahnen, kam ick kein Nacht miehr tau Rauh!" Katja is dat pienlich. „Ja, dat deiht mi leed, uns Baby schriegt ja nachts oft eins …" Doch de Nahwer winkt aw, „Nee, dat stürt mi gor nich, äwer hüren Se bitte up, em denn ümmer 'n Slaplied vörtausingen!"

*

„Herr Ober!", röppt Fred, „ künnen Se mi woll mal einen Zahnstocher bringen?" – „Ja", röppt de Kellner trügg, „ äwer Se möten noch'n lütten Ogenblick Geduld hebben. Se kriegen gliek denn' nächsten, de frie ward!"

*

„Herr Paster", fröggt Gerlinde, „koenen Se woll mienen Hund döpen? He sall Hupsi heiten." De Paster föllt binah ut alle Wulken. "Wat föllt Se in?'n Hund döpen? Also, sowat is mi ja noch gor nich vörkamen! Dat geiht natürlich up gor keinen Fall!" Doch Gerlinde giwt noch nich up. „Ick gäw Se ok 5000 Euro, Herr Paster!" Nu fangt de Paster an tau grüweln. „Oh! Ick mein, wenn' dor so oewer nahdenkt … so'n Hund is ja ok unsen Herrgott sien Kreatur … ick glöw, dat lött sick woll doch maken. Äwer seggen Se mal – ein Läbensjohr von' Hund sall ja soväl tellen as soeben Minschenjohr?" – „Ja", seggt Gerlinde, „äwer worüm fragen Se dornah?" – „Dormit Se weiten, dat Se twei Johr nah de Dööp denn mal wedderkamen süllten", seggt de Paster, „denn künnten wi denn' leiwen Hupsi nämlich konfirmieren."

*

De Kommissar nimmt Möller scharp in't Verhür. „Herr Möller! Koenen Se mi seggen, woans dat taugahn is, dat de Wachtmeister up Seehrn Hoff in de Häckselmaschin kamen is?" Möller denkt nah un seggt: „Tjä, Herr Kommissar… He hett so näben mi an disse Maschin stahn un denn hett he mi ümmer wedder fragt, woans dat genau passiert is, dat mien Nahwer dor rin geraden is …"

*

„Wat is denn los mien Schatz?", seggt Andreas, „ du kiekst ja, as wenn du Sorgen harrst?" Doris nickt. „Ja, de hew ick ok." – „Un wägen wat?" – „Wägen dien Geschäftsreis." – „ Äwer dat is doch nich nödig. Ick bün villicht iehrer wedder trügg as du denkst." Doris nickt. „Dat is dat ja äben."

*

„Herr Ober! Dat kann ja woll nich wohr sien! Ick sall von dit dreckig Dischdauk äten?"
„Nu rägen Se sick blot nich up! Se kriegen doch noch Teller!"

*

Ein Frau kümmt tau'n katholschen Paster un fröggt, ob he woll ehr Katt beierdigen kann.„Also, dat geiht up gor keinen Fall! Ick kann doch kein christlich Begräwnis för ne Katt utrichten!" „Na gaud", seggt de Fru, „ick wull dorför 500 Euro utgäben. Denn ward ick woll mal tau Seehrn evangelischen Kollegen gahn. Villicht makt de dat ja." Dor fohrt de Paster hoch.„500 Euro? Ja, äwer worüm hebben Se denn nich gliek seggt, dat Seehr Katt katholisch wier!

*

Paul geiht nah de Beierdigung von sien Schwiegermudder stracks up denn' Kraug tau. Mit mal föllt em 'n Dackstein up'n Kopp.„Oh", seggt he,„se is all baben!"

*

„Minsch, Manfred", staunt Tom, „ wo sühst du blot rünnerkamen ut! Du mötst di würklich mal rasieren un de Hoor waschen, un 'n nieges Hemd künnst du ok mal bruken. Hest du Depressionen?" Manfred schüttelt denn' Kopp.„ Nee, äwer ick hew 'n niegen Wachhund. Un de lött mi all siet drei Daag nich miehr in't Hus!"

Lutz is mit' Auto ünnerwägens un ward von de Polizei anhollen. He dreiht de Schiew rünner un fröggt: „Worüm hollen Se mi denn an, Herr Wachtmeister? Ick bün doch gor nich tau fix führt!" – „Nee", seggt de Wachtmeister, dat woll nich. Äwer Se hebben dor 'n Hund up denn' Bifohrersitz! Dat is verbaden!" Lutz fangt an tau grienen. „Äwer dat is doch 'n Plüschhund!" – „Na un?", seggt de Wachtmeister streng, „ in't Gesetz steiht eindüdig, dat gellt för alle Rassen!"

*

Bi de Leitung von' Knast is Krisensitzung. De Direktor bölk: „Koenen Se mi mal seggen, woans de Häftling dat schafft hett, uttaubräken, Wachtmeister Meier?" Meier druckst rüm. „Na ja, Herr Direkter, he harr ja de Slötel." De Chef kiekt em grot an. „He harr de Slötel? Un woans is he tau de kamen? Hett he de klaut?" – „Nee, Herr Direkter", seggt Meier, „de hett he bi't Korten spälen gewunnen."

*

Felix stött in't Fautballstadion sienen Nahwer an: „Koenen se mi mal seggen, woväl Lüüd hier in dat Stadion sitten?" De anner kiekt sick üm. „Dat is vull, also teihndusend." – „Aha", seggt Felix, „teihndusend, un denn noch 22 Späler, de Schiedsrichter, twei Trainer, Linienrichter, Upsichtspersonal ... un utgeräkend mi schitt de Vagel up denn' Kopp!"

*

Fru Lehmann steiht mit ehren lütten Soehn vör de Koophall un bölkt: „Tau Hülp! Tau Hülp! Mien Jung hett 'n Euro verschluckt!" All Lüd rundüm weiten natürlich nich, wat se maken sallen, äwer dor stört' mit mal ein Mann up denn' Lütten tau, ritt em denn' Mund up, kloppt em up de Bost, denn twischen de Schullern, drückt em up denn' Buuk - un furts is de Euro wedder dor. „Oh", seggt Fru Lehmann, „dat hebben Se wunnerbor makt! Schönen Dank ok, Herr Dokter!" De Mann kiekt ehr an. „Ick bün kein Dokter. Ick bün von't Finanzamt."

*

De Bischof kümmt tau Inspektion tau denn' niegen katholschen Paster. He wunnert sick bannig, denn in den Husholt sünd twei smucke junge Dierns taugangen. De Bischof seggt tau denn' Paster. „Wat is denn dat? Hew ick Se nich seggt, Se sallen sick as Hushöllersch ne Fru säuken, de oewer viertig is?" - „Ja", seggt de Paster, „dat woll. Äwer ein oewer viertig hew ick nich funnen, un dor hew ick twei oewer twintig nahmen!"

*

Allens in' Griff

„Weiten se, wat ick ümmer denken dau, Herr Brinkmann?"
"Nee, wat denn, Chef?"
„Se möten as Kind woll so'n Ort Wunnerkind wäst sien."
„Woso denn dat, Chef?"
„Wiel se mit söss Johr bestimmt all genau so väl wüsst hebben as hüt."

*

„Se willen also bi uns as Putzfru anfangen, Fru Meier?", fröggt de Chef. Frau Meier nickt. „Ja". De Chef kiekt ehr von baben bet ünnen an. „Woväl weigen Se eigentlich, wenn ick fragen dörf?" – „198 Kilo, Herr Direkter." – „Tschä", segt de Chef, „un Se meinen, dat Se disse Arbeit schaffen warden?" Dor kiekt Meiersch em bös an. „Nu frag ick Se ok mal wat: Sall ick hier putzen odder sall ick hier turnen?"

*

Kevin hett ein Bewerbungsgespräch bi de Sporkass. „Se willen also bi uns in de Investment-Awdeilung anfangen", seggt de Direktor, „Glöben Se würklich, dat Se dat Talent hebben, Lüüd tau oewertügen, ehr Geld bi uns antauleggen?" – „Klor hew ick dat", seggt Kevin, „mi hett körtens sogor de Gerichtsvollzieher Geld pumpt!"

*

„So'n Schiet!", schimpt Katrin, „sovāl Arbeit, un nu is allens ümsüss!" – „Wat is denn passiert", fröggt Klara." – „Holl blot up", seggt Katrin, „ick hew'n halw Johr trainiert, üm de Ünnerschrift von denn' Chef nahtaumaken. Un nu, wo ick dat endlich kann, is de Firma bankrott!"

*

„Na, Max", fröggt Fred, „hest du di all an de Arbeit in dien niege Firma gewennt?" Max nickt. „Klor. De beiden wichtigsten Saken, de kann ick all perfekt: Bi't Snacken mit denn' Chef denn' Kopp intrecken un bi't Snacken mit de Sekretärin denn' Buuk intrecken."

*

As Paul tau Arbeit kümmt, steiht de Chef all in de Dör. „Herr Möller! Koenen Se mi seggen, worüm Se nu ierst tau Arbeit kamen?“ – „Ja. Ick bün hüt morgen ut dat Finster follen, Herr Direkter.“ – „So?“, seggt de Chef, „äwer dat kann doch nich twei Stunnen duurt hebben!“

*

Bi ein Bank hett de Putzfru künnigt, un de Direkter kann dat gor nich verstahn: „Hett Se dat denn nich gefollen bi uns, Fru Schwuppke, odder worüm willen Se gahn?“ – „Doch“, seggt Emma Schwuppke, „äwer ick will hier nich miehr arbeiten, wiel Se kein Vertrugen tau mi hebben!“ De Direkter staunt. „Äwer Fru Schwuppke, dat stimmt doch gor nich! Ick lat sogor de Schlötel von Tresor ümmer hier up denn‘ Schriewdisch liggen!“ – „Ja“, seggt Frau Schwuppke, „dat is dat ja äben! De passen nämlich nich!“

*

Dieter hett sick üm ein Stell beworben un sitt nu vör de Chefin von de Firma. As de em allens von denn' Job vertellt hett, seggt he: „Also, Fru Direkter, ick würd de Stell bi Se ja giern nähmen, äwer mit dat Geld, dat Se mi dorför beiden, dor kann ick leider kein groten Sprüng mit maken ..." – „Denn äben nich!", seggt de Chefin, „ick bruk hier 'n Baukhöller un kein Känguruh!"

*

„So, mien Jung!", seggt de Meister, „Liehrjohr sünd kein Herrenjohr, dat weitst du ja woll. Un dien ierst Upgaw in uns Firma is, dat du dorup achten deihst, dat hier allens rein is, klor?" De Jung nickt. „Ja, Chef. Sall ick Se denn gliek mal 'n nieges Hemd besorgen?"

*

„Du, sietdäm ick in de Politik gahn bün, warden blot noch Loegen oewer mi vertellt."
„Mann, denn kannst du doch froh sien."
„Woso? Oewer wat sall ick denn dor froh sien?"
„Dat keiner de Wohrheit kennt!"

*

Bi de Kripo is ne lütte Fier, un de Chef seggt ein poor Würd tau de Kollegen. Kort bevör he dormit tau Enn' is, seggt he denn: „Leiw Kollegen, tau'n Schluss von mien Räd mücht ick nu noch wat Persönliches bekanntgäben: Mien Fru ward in söss Monat ein Baby kriegen." – „Oh, Chef", seggt dor Kommissar Kollmann, „dat is ja intressant! Hebben Se all 'n Verdacht?"

*

Jens hett sick as Verköper bi einen Herrenutstatter beworben, un de Chef seggt tau em: „Also, Herr Schulz, wenn Se dissen rosa Antogg dor verköfft kriegen, denn nähm ick Se." Dat duurt blot ne Stunn', dor kümmt Jens all an un meld't, dat de Antogg verköfft is. De Chef kann dat binah gor nich glöben: „Seggen Se mi doch mal, woans hebben Se dat denn blot makt?" – „Ach, weiten Se, Chef", seggt Jens „dat wier eigentlich ganz einfach. Blot de Blindenhund hett bäten anfungen tau huulen..."

*

Sven is Fautballprofi worden, un sien Kumpels an' Stammdisch willen ja nu weiten, woans em dat so geiht. Doch Jens winkt aw, „Holl blot up! Stress, nix as Stress! Training! Ümmertau Training! Man kümmt nich mal miehr tau'n Geld utgäben un Autogramme schrieben!"

*

Elvira is up ein anner Auto knallt. De Fahrer is natürlich bannig bös: „Dat giwt dat ja woll nich! Nu kieken Se sick mal de Buul an, de Se in mien Auto führt hebben! Hebben Se oewerhaupt ne Fohrprüfung makt?" – „ Klor hew ick dat!" bölkt Elvira trügg, „un bestimmt öfter as Se!"

*

Herbert hett sick mal bäten in Hamborg amüsiert un sick dor ok ne Striptease-Show ankäken. As de vörbi is, söcht he furts nah denn' Geschäftsführer un seggt. „Also, dat hett mi ja ganz gaud gefollen, äwer ein Deil mücht ick noch weiten: Worüm wier bi de Diern ganz links blot de ein Bost nakicht?" De Manager grient. „De hett bi uns blot ne halwe Planstell."

*

Up dat Amt kümmt Peters in dat Büro von denn' Chef un seggt: „Chef, ick mak mi grote Sorgen üm denn' Kollegen Kruse. Ick glöw, de brukt unbedingt mal Urlaub." – „Meinen Se würklich?", fröggt de Amtsleiter. Peters nickt: „Ja, he slöppt in de letzte Tied so unruhig!"

*

De Welt is grot

„Mien Opa, de is nu all 80, äwer de is denn' ganzen Dagg in Bewägung. Jeden Vörmiddag joggt he drei Kilometer!", vertellt Knut an' Stammdisch. De annern staunen. „Oha! Un wat makt he an' Nahmeddag?" – „Tschä", seggt Knut, „dor kümmt he wedder trügg."

*

„Wat för ein Wiehnachtsgaus müchten Se denn hebben, Frau Meier? Ne dütsche, ne holländsche odder ne polnische?"
„Dat is mi egal. Ick will ehr äten, un nich mit ehr snacken!"

*

„Na, Rita, woans wier dien Urlaub?", fröggt Susi. Rita stoehnt. „Holl blot up! Schlimm, segg ick di! Ick harr wedder mal de verkiehrten Saken mitnahmen - mienen Mann un de Kinner!"

*

„Na, Susanne", fröggt Kerstin, „woans wier denn juch Hochtiedsreis? Wo wiert ji oewerhaupt?" – „Nu ja, eigentlich wier de siehr schön", seggt Susannen, wi wieren in Thüringen, in Eisenach." – „Oh, schön", röppt Kerstin, „un hewt ji ok dissen berühmten Ritt up de Wartburg makt?" Susanne nickt. „Ja, äwer up de Hälft von denn' Wegg würd de Äsel mit mal bockig." – „Wat denn?" wunnert sick Kerstin, „un dat all so kort nah de Hochtied?"

*

„Ach, kiek mal an, Elke" seggt Petra, „dissen smucken lütten Kuffer denn' kenn ick doch. Denn' hest du all früher ümmer mit up Reisen nahmen." Petra nickt. „ Ja, dat stimmt. Äwer damals wier he vull Kosmetik. Un hüt is he vull Tabletten."

*

"Wat?", seggt Paul, "du wisst in Urlaub nah Australien? Dor ist dat nu in' Sommer doch väl tau heit! Ick hew hürt, dor sallen 40 Grad in' Schatten sien!" – „Na un?", seggt Gerd, „ick ward doch nich so doemlich sien un dor in' Schatten gahn!"

Meier hett dat schafft, ne Audienz bi denn' Papst tau kriegen un seggt tau em: „Ick bün Saft-Meier ut Grot Klüschen un ick mak denn' berühmten Meier-Appelmost, de is siehr gesund, un dor wull ick Se mal fragen, ob Se nich dit Gebet bäten ännern koenen, dat wier ne gaude Werbung för mi, un wenn ick miehr verköpen dau, is dat ja ok gaud för de minschlich Gesundheit." – „Wat för'n Gebet meinen Se?", fröggt de Papst. „Na dat, wo dat heit ‚Unser täglich Brot gib uns heute'. Dor künn dat doch heiten ‚Unseren täglichen Meier-Most gib uns heute'". – „Wat föllt Se in!", seggt de Papst, „wi koenen doch nich dat Vaderunser ännern!" – „Nu ja", seggt Meier, „dat sall ja ok nich ümsüss sien. Föfftigdusend Euro würd ick mi dat ja kosten laten." De Papst lähnt natürlich aw. „Na gaud", seggt Meier, „hunnertdusend." Doch de Papst bliwwt stur. As Meier denn markt, dat he würklich nix utrichten kann, geiht he rut un brummelt vör sick hen: „Wenn ick doch blot wüsst, woans de Bäcker dat damals makt hebben!"

*

Norbert hett sick up sien Reis in dat billigst Hotel inquartiert un beschwert sick gliek an' iersten Abend. „In mien Stuw sünd ja nich mal Vörhäng an't Finster.“ – „Dat is doch nich schlimm“, seggt de Hotelier, „de Stuw liggt doch in' vierten Stock, dor kann Se doch keiner von buten rinkieken, dor bruken Se kein Vörhäng.“ – „So?“, seggt Norbert, „un mit wat sall ick mien Schauh awputzen?“

*

Mathilde reist väl un vertellt ok giern dorvon. Blot ofteins weit'n nich, wat'n dorvon allens glöben kann. Nu is se grad wedder ut Italien trügg. „Wierst du denn ok in Rom?“, fröggt ehr Fründin Elvira. „Ja, na klor, wunnerschön, segg ick di!“ - „Un wierst du denn dor ok in denn' Vatikan?“ – „Ja, wier ick. Ganz prächtig!“ – „Un hest du denn dor villicht sogor denn' Papst drapen?“ Mathilde strahlt. „Ja, denn' hew ick ok drapen!“ – „Un woans is he so?“ – „Ach weitst du“, seggt Mathilde, „h e is ja 'n ganz natürlichen Minschen, äwer s e … nee!“

*

As Lehmanns von ehr Italien-Reis trügg sünd, möt Frau Lehmann gliek ehr Nahwersch allens vertellen. „In Rom wier dat natürlich an' allerschönsten – dat Kolosseum, de Petersdom … äwer dat best wier doch de Sixtinische Kapell!" – „Aha", seggt de Nahwersch, „un wat hebben se spält?

*

Hein wier in sienen Urlaub in Amerika un hett nu an' Stammdisch väl tau vertellen. „Un wat wier nu dat Allerbest?", willen sein Kumpels weiten. „Dat Gröttst wier de Niagarafall", seggt Hein, „wenn du dor steihst un sühst, wo deip dat Wader dor nah ünnen schütt … un wenn nich so väl Italiener bi uns wäst wieren, denn harden wi sogor hüren künnt, wo dull he dorbi brusen deiht."

*

Dallmanns reisen giern. Ditmal is ok wedder mal Frankreich anseggt. As se in Paris sünd, bliwt Frau Dallmann mit mal stahn, kiekt up denn' Eiffelturm un seggt: „Nanu? Dat Ding stünn doch vör teihn Johren ok all hier. Hebben de denn ümmer noch kein Öl funnen?"

Fred geiht in Hamborg in einen Kraug un vergätt, de Dör tau taumaken. „Dör tau!", bölkt dor de Kräuger. Fred deiht dat, un as he sick wedder ümdreiht, süht de Kräuger, dat em twei Tranen de Backen dallopen. „Wat is denn?, fröggt he. „Ach", seggt Fred, „ick stamm ja von't Dörp. Un ümmer wenn ick einen Ossen bölken hür, denn krieg ick Heimweh."

*

Lehmanns hollen up ehr Urlaubsreis ünnerwägens in ein lütt Stadt an, äten Meddag un kieken sick dor noch 'n bäten üm. Vör ein Denkmal blieben se stahn un koenen nich rutkriegen, wecker dorup tau seihn is. As ein Fru vörbikümmt, höllt Lehmann ehr an un seggt: „Gauden Dagg, Entschülligung, sünd Se von hier?" De Fru nickt. „Ja, ick bün sogor hier geburen." – „Dat dröppt sick gaud", seggt Lehmann, „dat is ja würklich ne schöne Stadt. Äwer koenen Se uns mal seggen, wecker dat dor up dat Denkmal is?" – „Oh", seggt de Fru, „dat weit ick leider nich. Dat is woll jichtens so'n Kaiser odder König. Äwer wi seggen hier einfach Schillerdenkmal dortau."

*

Gerda hett sick för ehren Urlaub wat ganz Besünners utdacht. Se führt nah England un dor in ein Hotel in ein oll Schloss. As se sick dor anmelden deiht, seggt se mit'n lütt Grienen: „Hoffentlich späukt dat hier nich." – „Dor maken Se sick man kein Sorgen", seggt de Dam an de Anmeldung, „mi is hier noch kein Späuk begägent, un ick wahn all oewer 400 Johr hier."

*

Ümmer wedder giern

Klassiker ut de Plappermoehl, vertellt von …

Dr. Harald Ringstorff

Twei Buurn sitten tausamen in' Dörpkraug un hebben all düchtig poor Bier drunken un ok'n poor Koem dortau un denn kamen se so in't Snacken, un de ein Buur seggt tau denn' annern: „Kennst du eigentlich Buddelmann?" De anner schüttelt denn' Kopp. „Nee, Buddelmann kenn ick nich." – „Nanu? Du mötst doch Buddelmann kennen, so'n Lütten, Dicken!" – „Nee", seggt de anner wedder, „denn' kenn ick nich." Sein Kumpel glöwt dat einfach nich. „Mann, de hett doch teihn Johr hier wahnt, gliek näben de Füürwehr!" – „Nee", seggt de anner, „du kannst maken, wat du wisst, denn' kenn ick nich." – „Äwer denn kennst du gewiss Paddelmann, dat is so'n Groten, Dünnen." De anner schüttelt wedder denn' Kopp. „Nee, Paddelmann kenn ick ok nich." Nu ward sein Kumpel binah argerlich: „Wat? Du kennst ok Paddelmann nich?" – „Nee!", seggt de anner, „un wenn du mi ok noch teihnmal fragst, ick kenn Paddelmann nich! Denn kenn ick iehrer noch Buddelmann!"

Prof. Horst Klinkmann

In de niege Tied, dor kümmt ja ok tau uns hier nah Mäkelborg allerhand Nieges rin: Dat ein heit ‚Wellness', dat anner ‚Massagesalon' odder ok ‚Nightclub'.
Korl harr ok von so'n ‚Nightclub' hürt un is nu bannig niegierig un geht dor mal hen. He ward denn ok nett begrüßt von all de schönen Damen dor, un tau Gesellschaft ward em ein Dam tauwiest, de all bäten wat öller is. Korl kiekt sick üm, un denn seggt he: „Dat is ja allens ganz schön un nett hier, un ick weit ja ok, dat dit hier dat öllst Gewarw von de Welt is ... äwer harrt ji mi utgeräkend ein von de Gründungsmitglieder tauwiesen müsst?"

Horst Köbbert

An' ollen Strom in Warnemünn' sitten twei oll Kapteins un kieken sick dat Läben un Drieben an' Strom so an, un dor seggt de ein tau denn' annern: „Du büst doch nu all wiet oewer 80. Kiekst du eigentlich noch ümmer de jungen Dierns so achteran?" – „Ja", seggt de anner, „äwer ick weit nich miehr, worüm."

Ein jung verleiwt Poor sitt in de Gaststätt. He studiert de Spieskort un seggt denn tau ehr: „Na, mien lütt Zuckerschnut, wat müchtst du denn woll an' leiwsten?" – „Ach", seggt se, „wat ick an' leiwsten magg, dat weitst du doch." – „Ja, ja", seggt he, „äwer äten möten wi aw un tau ja ok mal wat."

Eberhard Bremer

De Preister hett sick oewer 'n Buurn argert. Denn' sien Käuh gahn nämlich ümmer in sien Kurn, wiel de Buur tau lang'n slöppt, üm dorför uptaupassen. He will em nu anzeigen, äwer as de Buur em bidden deiht, dat nich tau daun, seggt de Preister: „Na gaud, ick will dorvon Awstand nähmen, wenn du morgen früh de Ierst büst, de mi ‚Gauden Morgen' seggt." De Buur is ja nu plietsch un sett' sick an' Abend all in denn' Appelboom vör denn' Preister sien Slapstubenfinster. Un so kriggt he ok mit, dat de Preister an' Abend tau sien Hushöllersch seggt: „Slaag mal de Betten up, wi willen Joseph nah Ägypten schicken." As an' Morgen de Preister dat Finster upmakt, röppt de Buur furts: „Gauden Morgen, Herr Paster!" De verfiehrt sick bannig un fröggt: „Wo lang'n sittst du denn all dor? – „Oh", seggt de Buur, „ick wier all hier, as Se Joseph nah Ägypten schickt hebben!" – „Haug blot aw", seggt de Preister, „un holl dat Muul! Un de Käuh lat henlopen, wo se willen!"

Andreas Auer

Ick hew mal in einen Husupgang mit vier Parteien wahnt, un dor hebben wi Kierls an't Wochenenn' ümmer tausamen denn' Treppenflur saubermakt. Mien Fründ Korl wahnte ünner mi, un dor kemen wi mal, as wi wischt harden, so up denn' Treppenawsatz tau sitten un kemen ok in't Vertellen. So'n lütten Flachmann harden wi ok dorbi, un as wi denn' utharden, säd Korl: „Du, dat Kamel, dat is ja 'n narrschet Diert. Stell di mal vör – dat kann acht Wochen arbeiten ahn tau supen!" Un as he dat seggt, dor geiht de Dör up, mien Frau kiekt rut un seggt: „"Ick kenn ein Kamel, dat kann acht Wochen supen ahn tau arbeiten!"

Susanne Kruse, Horst Dethloff

„Müchtst du hüt morgen leiwer Kaffe odder Tee, Hörsting?"
„Also, wenn dat, wat du gistern kaakt hest, Kaffee wier, denn müch ick hüt leiwer Tee hebben!"

Klaus-Jürgen Schlettwein

In de ierst Klass fröggt de Liehrerin so'n lütten Butscher, de eigentlich väl tau lütt is, üm in de ierst Klass tau gahn: „Na, mien Jung, wo olt büst du eigentlich?" – „Ick bün söss", seggt de Jung, „äwer mien Vadder seggt ümmer, wenn mien Mudder sick nich so anstellt harr, denn künn ick all soeben sien!"

Klaus-Jürgen Schlettwein, Horst Dethloff

Drapen sick twei, un de ein seggt: „Du, ick hew so'n fulen Hahn, ick weit nich, wat ick mit denn' so maken sall." – „Ach, weitst du", seggt de anner, „so wier mien ok, äwer ick hew mi dor hulpen. Ick hew so'n poor Pillen köfft, de hew ick em in't Fauder gäben, un nu is he so rackig, ick krieg em nich mal von de Aanten wedder dal." – „Wo heiten de Pillen denn", fröggt de anner. „Dat weit ick nich, äwer suur schmecken se."

Hannes Ossenkopp (Rainer Koch)

Ne dicke Frau steiht vör denn' Speigel un fröggt: „Speigel, Speigel an de Wand – wecker is de Schönst in't ganze Land?" Dor seggt de Speigel: „Gahn's mal 'n bäten bisiet, ick kann ja gor nix seihn!"

Opa Krause kümmt tau'n Ogendokter. „Herr Dokter, Se möten mi helpen! Ick möt ümmertau mit dat linke Oog plinkern!" – „Äwer dat is doch nich so schlimm", seggt de Dokter. „Doch!", röppt Opa Krause, „ümmer wenn ick in de Awtheik Aspirin hebben will, denn plinkert dat Oog, un denn gäben se mi Kondome!"

Heike makt ‚Autogenes Training'. As ehr Mann nah Hus kümmt, liggt se grad up't Sofa un seggt ümmer: „Ick bün schön, ick bün schön, ick bün schön ..." Dor packt he sick näbenan hen un seggt: „Ick bün blind, ick bün blind, ick bün blind ...."

Marianne Meier, Hannes Ossenkopp

„Wat hebben Se för wunnerschöne Tähnen, Fröllein Isolde!“
„Ja, de sünd ein Arwdeil von mien Mudder, Herr Schmidt.“
„Un wo schön, dat se denn ok noch passen!“

Marianne Meier, Manfred Brümmer

„Oh, Marianne! Wi hebben uns ja lang'n nich seihn! Woans geiht di dat denn?“ Marianne süfzt. „Ach, weitst, siet mien Scheidung kann ick nich miehr so richtig slapen.“ – „Oh“, seggt Manfred, „dat deiht mi äwer leed. Hest du dat all mal mit Baldrian probiert?“ – „Nee, dat hew ick nich. Kannst du mi sien Adress gäben?“

Marianne Meier, Hannes Ossenkopp

„So, leiw Kinner, hüt willen wi in de Biologiestunn' mal oewer Mann un Frau snacken. Wecker von juch weit denn, woans sick Mann un Frau ünnerscheiden?" Mäxing meld't sick. „Eigentlich gor nich, Frau Liehrerin. Achtern sünd se gliek un vörn passen se tausamen!"

Susanne Bliemel

Up ne Parkbänk sitt 'n jung Mann: denn' Kopp kahlrasiert, ne Bomberjack an un Springerstäwel an de Fäut. Ne Oma sett' sick dortau un kiekt em ümmertau an. Em ward dat ja nu argern, un he blafft ehr an: „Is wat, Oma?!" – „Ja", seggt se, „mien Jung, du deihst mi ja so leed: Chemotherapie un denn ok noch orthopädische Schauh!"

Susanne Bliemel, Norbert Bosse

Se fohrt hoch in't Bett: „Wat sall dat? Worüm weckst du mi midden in de Nacht up?" – „Ick wull di blot dien Migränetabletten gäben", segt he. „Äwer ick hew doch nu gor kein Migräne!" – „Oh", seggt he, „kein Migräne? Na denn ...!"

Susanne Bliemel, Hannes Ossenkopp

„Gauden Dagg, Herr Ossenkopp, kamen's doch rin!"
„Ja, giern, äwer ick hew so dreckig Fäut."
„Ach, dat schad't nix, Se koenen ja de Schauh anbehollen."

Benni Nolze, Tom Roloff

Twei Frünn' kieken ne dicke Frau achteran. „Du, wier dat nich äben Silvi?" De anner nickt. „Ja, dat wier se." – „Mann, hett de äwer ne Figur krägen!" – „Figur?", seggt de anner, „dat is doch kein Figur! Dat is ne Massendemonstration!"

Susanne Bliemel, Tom Roloff

De Seemann kümmt von grote Fohrt nah Hus. „Segg mal, Schatz, ick wier ja nu ein Johr lang up See. Un dat Baby dor, dat is doch höchstens twei Wochen olt." – „Also Hein, nu fang doch nich noch an mit Mathematik ..."

Weiten Se eigentlich …

...worüm de Dokters bi't Operieren Gummihandschen drägen?
Dormit man bi ehr Opfer kein Fingerawdrück finnen kann.

...wat Petrus seggt, wenn ein Hansa-Späler in' Himmel kümmt?
„Dunnerlüchting! Woans hebben Se blot dat Duur funnen!"

...wat männigein Bruut nah de Hochtiedsnacht seggt?
„...un de Ehering is ok tau lütt!"

...wecker Ünnerscheid twischen ein Dannenboom un ein Baby is?
De Dannenboom ward v ö r de Bescherung putzt.

...woans sick de Swinägels vermehren?
Vörsichtig, ganz vörsichtig ...

…worüm de Ostfriesen in' Winter ümmer besünners vergnäugt sünd?
Denn lachen se oewer de Witze, de se in' Sommer hürt hebben.

…wat Se maken möten, wenn ein UFO vörbiflüggt un Se fotografieren will?
Ein fründlich Gesicht.

…wat de Ünnerscheid is twischen 'n Saxophon un 'n Sack Zement?
Pusten Se doch mal rin!

…an wat ne Frau markt, dat bi ehren Mann de Leiw nahlött?
Wenn se em seggt, dat se sick ne heite Nacht wünscht, un he geiht hen un dreiht de Heizung höger.

Wat ein Gynäkolog seggt, wenn he tau'n Fierabend up de Straat rutgeiht?
Schön, mal wedder 'n poor Gesichter tau seihn!

Oewer wat de Paster allens prädigen kann?
Oewer allens, blot nich oewer twintig Minuten.

Plattdeutsch auf NDR 1 Radio MV

Wenn Sie wissen möchten, was der Tag Ihnen bringt: Jeden Morgen gibt's auf NDR 1 Radio MV das plattdeutsche *Horoskop* von W wie Widder bis F wie Fisch.

Plattdeutsche Nachrichten hören Sie immer freitags (18.20 Uhr) und sonntags (6.50 Uhr und 8.20 Uhr) in *De Woch up Platt* auf NDR 1 Radio MV.

Plattdütschen Klönsnack, Musik ut uns Land und Literatur up Platt – all das bringt NDR 1 Radio MV sonnabends in der *Klönkist* (19.05 bis 20.00 Uhr). Und immer am letzten Sonnabend des Monats kommt für alle Plattsnacker die *Plappermoehl* (19.05 bis 20.00 Uhr). Dann empfangen unsere Plappermöller mit norddeutschem Humor ihre Gäste am „Moehlendisch". Für musikalische Unterhaltung sorgen Sänger und Gruppen aus ganz Norddeutschland. *Dat Beste ut de Plappermoehl* hören Sie am Sonntagabend, immer im Wechsel mit dem *Plattdütsch Hürspäl* (21.05 bis 22.00 Uhr).

In *Plattdütsch an'n Sünndag* (6.05 bis 9.00 Uhr) melden sich unsere Moderatoren bei NDR 1 Radio MV up Platt. So gemütlich kann der Feiertag beginnen: Selbst im kleinsten Dorf des Landes sagen wir „Gauden Morgen". Und dort, wo am Wochenende etwas los ist, sind unsere plattdütschen Reporter zur Stelle.

Plattdeutsch gehört zum Programm von NDR 1 Radio MV – jeden Tag.

Überall im Fachhandel und online auf www.tennemann.com.

Die „Plappermoehl" von NDR 1 Radio MV, die älteste plattdeutsche Radiosendung im Nordosten, bietet jeden Monat „ne lütt Stunn Lüdsnack, Musik un süst noch wat". „Süst noch wat" - das ist der Mallbüdel. Wenn der geöffnet wird, dann gibt es herrliche plattdütsche Witze.
Zu hören sind die besten Witze aus drei Jahrzehnten auf den CDs „De Mallbüdel" und „De niege Mallbüdel".
Und zum Nachlesen gibt´s die schönsten plattdütschen Witze aus der Sendung „De Plappermoehl" auch in den bisher veröffentlichten „Mallbüdel"-Büchlein.

„Ut mine Stromtid", den erfolgreichsten Roman des mecklenburgischen Schriftstellers Fitz Reuter, präsentiert diese CD-Box zum ersten Mal als einzigartige Hörbuch-Edition: Mehr als 12 Stunden plattdeutsche Weltliteratur auf 11 CDs, gelesen vom legendären Gerd Micheel, der mit Recht als einer der besten Reuter-Interpreten gilt.
Die CD-Box enthält ein reich bebildertes Booklet von Rainer Schobeß.
Darin erläutert der Plattdeutsch-Redakteur von NDR 1Radio MV ausführlich und verständlich, wie Leben und Werk des großen Schriftstellers zusammenhängen.

Erstaunliches, Skurriles, Absurdes: das Leben, die Welt, das Universum stecken voller Fragen: Können Fische seekrank werden? Warum gehen Männer fremd? Was ist ein Meuchelpuffer? Feiern Tiere Fasching? Warum haben Frauen mehr Kleidungsstücke im Schrank als Männer? Und welche norddeutsche Erfindung steht auf allen Straßen der Erde?
In der NDR 1 Radio MV Serie „Kaum zu glauben - Wissen zum Weitersagen" gibt Thomas Lenz höchst unterhaltsam jeden Morgen Antworten auf die ganz wichtigen Fragen des Alltags.

Und mittlerweile gibt es „Kaum zu glauben – Wissen zum Weitersagen" auch schwarz auf weiß: Amüsant geschrieben, unterhaltsam zum fröhlichen Blättern und Immer-wieder-Lesen - viel Vergnügen!

Die Telefon-Comedy VORSICHT LEIF läuft seit 2003 höchst erfolgreich auf NDR 1 Radio MV. Telefonspaßvogel Leif Tennemann ist mit fast zweitausend gesendeten Folgen „Rekordhalter" in ganz Deutschland. Die besten Telefonstreiche gibt es auf CD zum Nachhören.

Dies ist die erste und einzige CD mit DDR-Witzen. Das NDR–Landesfunkhaus Mecklenburg-Vorpommern in Schwerin erinnert mit diesem Hörbuch an die besondere Witzkultur der DDR. Denn die Menschen haben sich oft buchstäblich weggelacht aus der DDR und über die DDR.
Deshalb waren Hörer und Zuschauer aufgerufen, ihre Lieblingswitze einzusenden. Eine Auswahl davon wurden in einer öffentlichen Veranstaltung vor einem begeisterten Publikum erzählt und sind als kompletter Mitschnitt auf dieser CD zu hören.

Plappermöller Manfred Brümmer erzählt, schreibt und singt. Gemeinsam mit Lars-Luis Linek präsentiert er auf der CD „Kommodig" eingängige Musik, eingängige Texte up Platt, die ganz modern vom Hier und Heute erzählen.

Neue frische Klänge up Platt suchten NDR 1 Radio MV und das Nordmagazin beim großen plattdeutschen Wettbewerb „Musik ut uns Land". Ob Country, Rock oder Blues – die Vielfalt der eingereichten Titel war groß, der Wettbewerb ein voller Erfolg. Diese CD vereint die 14 Siegertitel.

Der Entertainer Dieter Karow aus dem vorpommerschen Zingst zündet auf seiner Hörbuch-CD ein Feuerwerk bester plattdeutscher Unterhaltung. Mal derb, mal feinsinnig, mal zart, mal brüllend – da bleibt kein Auge trocken! Und alles, was er singt, tönt, flüstert und plaudert, kommt aus tiefstem Herzen. Denn Dieter Karow meint, was er sagt und er sagt es! Zur CD gibt es auch das Buch „Ik lach' mi dot" mit allen Texten der Verteller, Döntjes und Lieder.

Jazz und Swing, Evergreens, eigene Songs mit deutschen Texten, selbst ein plattdeutsches Traditional als Swingnummer - die erste CD von Andreas Paternack zeigt eine erstaunliche Bandbreite an Musikstilen und Spielweisen. Denn Andreas Pasternack liebt es, sein Publikum zu überraschen. Er kennt keine musikalischen Schubladen.

In der Buchreihe „Quack und Quacki" aus dem TENNEMANN-Verlag gehen die beliebten Quietsche-Enten immer wieder neu auf Entdeckungsreise: Ob nun im Zirkus, auf einem Fischerboot in der Ostsee oder im Schweriner Schloß - Quack und Quacki erklären stets auf kindgemäße Art die Welt. Und ständig kommen neue Abenteuer hinzu. Die ganze Quack und Quacki Welt finden Sie auch auf www.quack-und-quacki.de.

Weihnachten in Mecklenburg-Vorpommern

Plattdütsch Wiehnachten: Frech, fröhlich, feierlich.
Das Weihnachts-Ensemble der Fritz-Reuter-Bühne Schwerin mit alten und neuen plattdeutschen Weihnachts-, Kinder- und Winterliedern sowie Texten und Gedichten zum Fest. Dazu die Weihnachtsgeschichte up Platt.

Ebenfalls bei TENNEMANN erschienen:

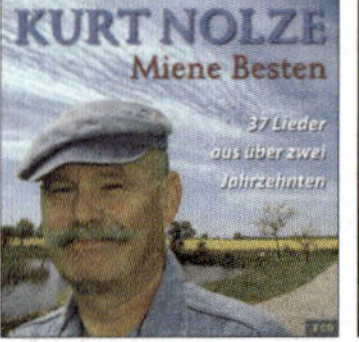

Heide Mundo
Meine Lieder

ARKO MÜHLENBERG
MEIN LIEBLING

...sun, sun, sun...
PAPERMOON
NDR-SHOWBAND

Die
WINDFLÜCHTER
Wolken und Wind

Die
WINDFLÜCHTER
Wind im Haar
Songs aus dem Norden

POMMERN DUO
Land unter'm Wind

POMMERN DUO
HART AM WIND

SIGGI SCHOLZ
In ewigem Wechsel erscheint das Meer
Besinnliche, aber auch heitere Lieder aus dem Norden und von anderswo

Happy Swing
Swingtied
Plattdeutscher Swing, Blues & Folklore

Der Shantychor „Blänke"
der Marinekameradschaft Hansestadt Wismar

Boltenhagener Bäderbahn
Carolinchens Hitparade
Die schönsten Lieder aus dem Norden

Glory, Glory, FC Hansa
Die Parchimer Frechdachse & Frank

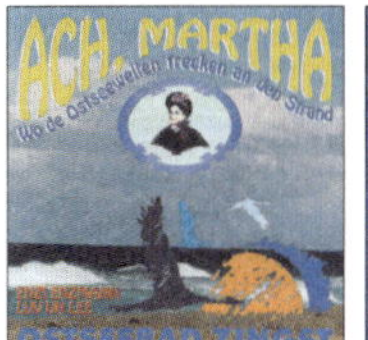
ACH, MARTHA
Wo de Ostseewellen trecken an den Strand
OSTSEEBAD ZINGST

JOCHEN KUNZE
To Hus is to Hus

Der Familienpapagei

Der Autor:

Manfred Brümmer wurde 1947 in der Reuterstadt Stavenhagen geboren. 1976 erhielt er ein Engagement als Schauspieler an der Fritz-Reuter-Bühne des Mecklenburgischen Staatstheaters Schwerin, wo er lange Jahre als Dramaturg tätig war. Seither entstanden eine Vielzahl von Übersetzungen ins Plattdeutsche, eigene Theaterstücke, ein Hörspiel, Bücher mit Kurzgeschichten up Platt und eine CD mit plattdütschen Liedern.
Bei NDR 1 Radio MV arbeitet er als Autor und als Moderator der Plappermoehl. 1997 erhielt er den Johannes-Gillhoff-Preis für norddeutsche Kunst und Kultur, 2010 wurde er mit dem Fritz-Reuter-Literaturpreis ausgezeichnet.

Der Verlag:

Das Schweriner Medienhaus **TENNEMANN**, gegründet 1999 von Leif Tennemann, arbeitet erfolgreich als Buch- und Musikverlag im Norden.
Schwerpunkte sind Buch- und Hörbuchproduktionen aus den Bereichen regionale Zeitgeschichte, Plattdeutsch, Kinderliteratur, Belletristik und Kriminalliteratur.
Innerhalb der Musikproduktion werden nahezu alle Spielarten bedient vom Folk über die Klassik bis zur aktuellen Rock- und Popmusik. Die hauseigenen Editionen und Label sowie der TENNEMANN-Vertrieb garantieren professionelle Verwertungsketten.
Darüber hinaus betreibt die TENNEMANN media den eigenen Pressedienst nordPR sowie unterschiedliche Online-Informations-Dienste.

www.tennemann-media.de
www.tennemann.com